马应龙实践丛书

投资者经营系统

陈平◎主编

WUHAN UNIVERSITY PRESS
武汉大学出版社

图书在版编目(CIP)数据

投资者经营系统/陈平主编.—武汉：武汉大学出版社，2021.12
马应龙实践丛书
ISBN 978-7-307-22543-5

Ⅰ.投…　Ⅱ.陈…　Ⅲ.投资者—经营管理—研究　Ⅳ.F830.59

中国版本图书馆 CIP 数据核字(2021)第 166671 号

责任编辑:沈继侠　　责任校对:汪欣怡　　版式设计:马　佳

出版发行：武汉大学出版社　(430072　武昌　珞珈山)
(电子邮箱：cbs22@whu.edu.cn　网址：www.wdp.com.cn)
印刷:武汉市金港彩印有限公司
开本:787×1092　1/16　印张:10.5　字数:154 千字　插页:2
版次:2021 年 12 月第 1 版　2021 年 12 月第 1 次印刷
ISBN 978-7-307-22543-5　定价:59.00 元

序　言

我们靠什么赢得未来？

回顾过去的六七年，我们共同经历了空前的行业清理整顿，接受了挑战，经受了考验。在为取得骄人的业绩而欣喜、庆祝、欢呼时，我们仍要保持清醒的头脑，居安思危。成绩已成为过去，摆在我们面前的仍然是纷繁复杂的市场环境和激烈的竞争。企业两极分化明显加快，集中度提高，企业数量减少。一部分企业将通过并购整合而合并，部分企业将被淘汰退出市场。历史的责任和使命，不断地提醒我们要将拥有400多年历史的马应龙带向何方？我们靠什么赢得未来，实现基业长青，成就千年马应龙的梦想。正所谓"人无远虑、必有近忧"，"我们靠什么赢得未来"，这是我们每个人都必须考虑和回答的问题。

要回答这个问题，先从企业性质分析入手。企业从本质上讲是资源转换器，将股东投入的资源，经过员工经营活动转换成客户需要的资源，并实现价值增值。企业是对接投资者和消费者的平台，产品则是完成资源转换的载体，其转换过程是通过员工经营活动来实现的。因此从表面上看产品是企业经营的对象，而实质上是通过产品来经营投资者、消费者及员工的关系。所以企业的未来要从客户、股东和员工上下工夫、找出路。从策略上说，通过为客户创造价值而获得客户的忠诚；通过为股东创造财富而获得股东的信赖；通过为员工创造机会而获得员工的敬业。也就是说，客户忠诚、股东信赖、员工敬业是马应龙赢得未来、实现可持续发展的关键要素。我们的经营对象不是企业或产品本身，而是经营客户、股东和员工，目标则是要获得他们的忠诚、信赖和敬业。

一、如何获得客户的忠诚?

首先，从战略上重视客户资源的开发，将客户视为马应龙生存与发展的基础，经营的起点与归宿。具体地说，企业和每个员工要知道自己的客户是谁，将其视为上帝，也就是是“天”。美丽的蓝天为我们提供了想象的空间任你翱翔，能够飞多高、多远就看你的本事和能耐。企业就是在不断满足客户需求的过程中实现发展、成就理想的。

其次，全面实施品牌经营战略，以客户为中心配置资源，打造市场细分中差异化优势形象，占据目标客户内心世界的有利位置，成为消费者的首要选择。在信息泛滥、商品充斥的年代，消费者很难从性能、质量上评估商品的好坏优劣，主要是依据内心的品牌地位作出消费选择。品牌已成为企业通向消费者内心世界的通道和打开客户心扉的敲门砖。品牌是企业和产品在消费者内心的综合反映，是企业竞争的焦点；我们的战场就是消费者的内心世界。企业和每一个员工要为打造和维护品牌而努力。马应龙本部要巩固治疗下消化道疾病药品全国第一的品牌地位：一是打造系列化产品结构，提供高附加值的产品、服务；二是利用品牌优势向医疗诊断领域延伸，扩大产业规模，形成竞争屏障。马应龙大药房要打造成为华中地区第一品牌，要形成产品结构优势、门店优势、经营功能优势、信誉服务优势。太极药业要成为国内妇科一线品牌，大佛药业要成为国内一线耳鼻喉科品牌。

最后，要强化客户体验和市场调研，在客户体验中提升服务质量，通过产品创新来丰富品牌内涵。品牌文化是我们赢得客户芳心的法宝，人是有感情的，“情”是我们与客户根深蒂固的关系纽带，有了感情就不再是单纯的消费者，更多的是扮演拥护者、传播者的角色。

二、如何获得股东的信赖?

首先，要强化股东权益意识。股东是“地”，没有股东的投资，企业将不存在，只有站在厚实的大地上，我们才会感到实在而有保障。

其次，要完善公司的治理结构，加强经营的透明度，明确职责职权，要让股东知道我们在干什么，干得怎么样，要按规矩做事，不能侵犯股东权益。

最后，努力为股东创造财富，实现资本增值。资本是趋利的，只要企业能赚钱，资金就会围绕在我们身边，股东也就不会离开我们。

三、如何促成员工敬业？

人是企业活动的主体，敬业是衡量员工素质的首要标准。敬业就是热爱职业、忠于岗位，有强烈的责任感、使命感。只有敬业才能全力以赴、尽心尽力、执著追求、永不放弃。员工专心于自己的工作，才能成为行家里手。要使员工敬业，需做好以下三方面工作。

首先，培养员工的职业精神，热爱职业、忠于岗位。对于职业价值及重要性要有充分的了解，如药品生产人员要知道药品直接关系到生命安全，熟练掌握岗位职责，不畏压力，切实履行职责。

其次，加强考核与引导，给予员工压力、动力和活力。当前要通过完善绩效考核来强化员工压力系统；通过强化员工激励机制，优化动力系统；通过加强选拔及淘汰来完善活力系统。杜绝小富即安、得过且过的现象发生，让员工始终保持旺盛的工作热情。

最后，建立共享机制，使员工与企业为了共同的利益而努力。积极推行骨干持股计划、企业与员工项目合作制、设立员工创业基金、增量贡献提成激励等政策措施，调动员工积极性、创造性。

追求客户忠诚、股东信赖、员工敬业的过程，就是追求天、地、人和谐统一的过程。相信只要我们始终坚持为顾客创造价值、为股东创造财富、为员工创造机会、为社会创造效益的经营宗旨，“以真修心、以勤修为”，也就是真诚实在做人、勤劳踏实做事，奉行龙马精神，将龙的远大理想与马的脚踏实地相结合，并持之以恒地追求，就一定能够赢得客户的忠诚、股东的信赖、员工的敬业，最终拥有一个美好的未来。

（本文系根据董事长陈平先生在2007年度总结表彰大会上的讲话整理成文）

前　言

“对公司策略的最终考量，唯一可靠的衡量标准，就在于他是否为股东创造了价值”(引自阿尔弗雷德·拉巴波特 1986 年著作《创造股东价值》)。在过去很长的一段时间里，股东一直被作为企业经营的唯一目标和中心，并以此成为企业发展的主要推动力。然而，随着利益相关者理论的出现，股东利益和员工利益、消费者以及其他社会利益一起，构成了企业最终的利益系统。但不可否认，股东作为公司利益相关者的重要一员，仍然在企业经营中发挥着举足轻重的作用。企业所有制形式和股东的境界、实力决定着企业的前景。

回顾马应龙过去的发展历程，公司的投资者管理与经营经历了三个阶段。20 世纪 90 年代初的计划经济时代，采取全资国有股权结构。一方面投资主体虚拟化，另一方面股东权益表现为国家利益。股东的地位是至高无上的，股东是公司资源的唯一来源，股东拥有公司的一切权力。20 世纪 90 年代中期，随着股份制改造、投资主体人格化以及经营机制的转换，公司治理结构不断完善，单一利益主体理念不断弱化，经营层在公司经营管理中，通过运行机制和经营模式创新，从市场中直接获取资源，不再单纯依赖于股东而发挥着越来越大的作用，但仍然坚持“股东价值最大化”的经营目标。与此同时，公司也逐渐意识到其他利益主体同样不容忽视，并由此提出“追求天地人和一”的“龙马精神”和“为顾客创造健康、为股东创造财富、为员工创造机会、为社会创造效益”的经营宗旨，努力构建和谐均衡的内外部经营环境。2004 年马应龙在上海证券交易所上市以后，马应龙正式成为一家公众公司，公司治理结构日趋完善，注重可持续发展，更加正视各相关主体的利益，着力追求多方利益主体的均衡发展。股东作为公司经营重心之一，也纳入公司经营目标。并且，随着公司经营理念的不断完善，逐步构建、形成了以公信力、创造力和发展力为核心的投资者经营系统。在马应龙产权制度的确立和变革中，要特别感谢大股东中国宝安集团的指导与帮助，以及武汉国有资产经营有限公司的信赖与支持。

投资者经营系统的实质是通过打造公信力、创造力和发展力，对投资者实施影响，获得其认同，并创造价值。公司通过创造价值和传递价值理念，建立独具特色的投资者经营系统，来吸引能够认同公司发展战略，愿意为公司发展提供资源支持的投资者，而投资者则根据公司经营中反映出来的战略理念、治理结构、管理模式、价值创造能力等因素，来选择是否投资上市公司。投资者经营系统就是要构建通向投资者以及潜在投资者内心世界的通道，把握决策模式，找准切入点，对其决策行为实施影响。在确保公司持续健康快速发展的前提下，争取更多的认同，吸纳愿意与马应龙共同发展的投资者加入，不断优化股东结构。

马应龙的投资者经营包括三个方面：公信力建设、创造力建设和发展力建设。公信力建设是打造使投资者信任的力量，这是投资者选择上市公司的基础。从价值管理理念来说，公信力也是上市公司实现价值溢价和价值体现的能力。创造力建设是要提升企业创造价值的能力，体现的是企业的盈利能力和水平。发展力是企业的持续发展能力，决定了企业能否实现长久发展，能否为股东带来远期收益。发展力建设是为了构筑保障和支持企业持续盈利的能力。投资者正是受到了企业的公信力、创造力和发展力的影响，才选择了对上市公司的投资。

本书共分为五大部分。第一部分为投资者经营概述，阐述马应龙投资者经营的基本理念和内容，以及投资者经营系统的整体框架结构。第二、第三、第四部分分别为公信力建设、创造力建设和发展力建设。每一部分包括三个方面的内容，一是该系统的经营目标、内容和原则，二是该系统的若干子系统建设情况，三是关于公信力建设、创造力建设和发展力建设质量和水平的评估。第五部分为投资者经营的绩效管理，主要说明提高投资者经营效能与效率的绩效管理的目标、原则和流程。

本书的编撰是对马应龙投资者经营理念和成果的总结和展示，旨在构建和完善系统化、流程化、标准化的投资者经营方式，并借此进一步优化投资者经营理念和方法，促进公司投资者经营能力的提升。

由于环境的不断变化、企业发展战略的特殊性和需求的多样化，这套系统仍然需要在实践中优化和完善，希望各企业或部门以及广大员工在运营中多提建议和意见，公司将定期总结完善，使之真正成为促进企业协调发展、赢得美好未来的有效管理工具。

陈平

2021 年 8 月 8 日于武汉南湖

目　录

1. 投资者经营系统概述

什么是企业？企业的实质又是什么？这是经营企业必须回答的基本问题。早在 1937 年美国经济学家罗纳德·哈里·科斯便在其文章《企业的本质》中指出“企业的本质是一种资源配置的机制”。在马应龙看来，企业作为实现资源配置优化的微观主体，其实质就是“资源转换器”。以马应龙的药品制造环节为例，投资者投入资本组建企业，通过吸纳人才、土地、设备、资金等要素资源，经过新药研发、精细生产、市场营销，将技术先进、疗效确切、安全可靠、经济适用的药品由医药商业公司、医院、药店输送到目标病患者处，帮助病患者康复，进而实现营业利润。以股东为先导的各方主体搭建企业平台，以产品为载体吸纳资源、转换资源、输出资源，最终实现资源增值。如图 1-1 所示。

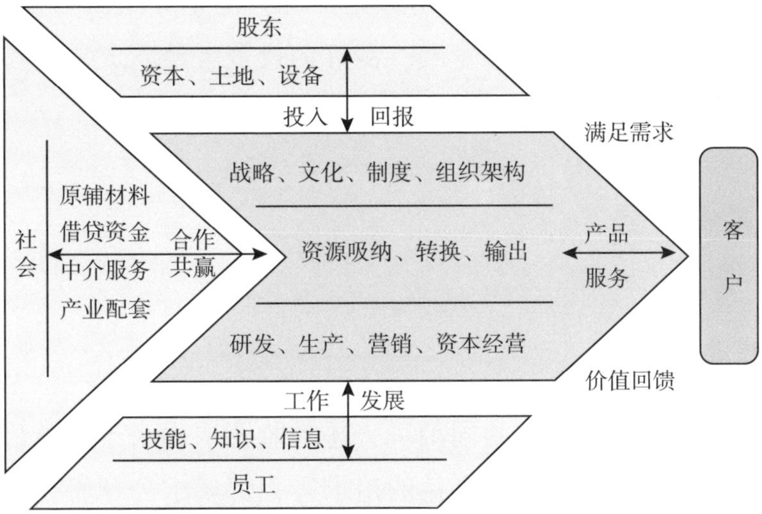

图 1-1　马应龙的药品制造流程

企业平台上聚集着诸多的利益相关者，有客户、股东、员工等，不同利益主体有着不同的利益诉求，对于一个企业而言，要想实现长远发展，必须兼顾不同主体的利益诉求，通过优化资源配置、提高价值创造效率，实现多元主体利益均衡。马应龙经过400多年形成的企业文化既是对这一理念的践行，也印证了这一理念的正确。

马应龙的企业精神是“龙马精神”，强调追求龙的精神与马的德范相呼应，自强不息与顺势而为相结合，追求行为与理念、务实与务虚相统一，追求人与自然之间“天人合一”的和谐，追求人与社会之间“人人为我、我为人人”的和谐。在马应龙，天是客户、地是股东、人是员工，追求天地人合一，也就是追求客户、股东、员工的协调发展，并在此基础上形成了“四个创造”的经营宗旨，即：为顾客创造健康、为股东创造财富、为员工创造机会、为社会创造效益。我们希望通过为客户创造健康而获得客户忠诚，通过为股东创造财富而获得股东的信赖，通过为员工创造机会而获得员工的敬业，通过为社会创造效益而获得和谐稳定的企业发展环境。在此基础上构建了三维三力价值创造系统，即在产品经营平台上构建的以方针管理模式为轴线，以客户、股东、员工为经营对象，致力于影响受众，为其创造价值的经营系统，是马应龙文化理念在经营上的体现。

投资者(股东)是企业平台搭建的先驱者，是企业组成与发展的基石，影响着企业的战略规划和业务发展，良好的投资者经营成果能够为企业发展打下坚实的基础。

1.1 投资者经营

1.1.1 经营背景

无论是现代企业面临的共同困境，还是监管层面对于上市公司的要求以及身为公司股东对于其自身利益的追求等，都要求公司将投资者经营作为其经营重点。

随着现代企业的进一步发展，企业规模不断扩大，所有者无法有效率地经营企业，因而导致了所有权与经营权的分离，即所有者拥有的资产委托他人管理运作，这便形成了一种委托代理关系，产生了委托代理问题，即代理人为了自身效用最大化而可能做出的损害委托人利益的行为，故公司需持续优化完善治理结构、强化内部控制，避免委托代理问题的发生，保障投资者的利益。

随着中国证券市场的发展，上市公司规模迅速扩大，作为占有重要社会资源的公众公司，必须对社会承担责任。马应龙作为众多上市公司中的一员，也必须履行其社会责任，包括对投资者负责、加强投资者关系管理、保持对资本市场的透明、根据市场变化及时调整经营发展和资本运作策略、持续经营等。不同的投资者关注点并不相同且动态变化，比如国有股东对于上市公司的诉求来自于国资监管的政策导向；外资关注的可能包括行业趋势、公司财务指标、公司环境、社会和治理表现，考量公司的社会责任感、可持续发展能力等。作为上市公司的马应龙应全面了解各类投资者的关切，尽可能消除公司与投资者的误解与空白，让投资者在公司有所有者的存在感。

由此，我们提出“投资者经营”的理念。我们的“投资者经营”不仅是围绕投资者开展各项经营管理工作，为投资者创造价值，更希望与投资者构建良好的互动关系，获得投资者的信任和支持，吸引能够认同公司发展战略和经营理念的投资者，共同创建马应龙的未来。

1.1.2 经营目标

通过投资者经营，我们期望能够对投资者形成一定的影响力和控制力，实现投资者与公司经营层对公司发展规划的高度协同，这是投资者经营的直接目标。从长期目标来看，我们更希望能够借鉴投资者的影响力，形成对公司发展的有利因素，构建多方利益主体共赢的马应龙经营平台。具体而言，体现在以下三个方面。

目标一：树立公司良好的资本市场形象，准确传递公司价值。投资者经营是在获得投资者信任的基础上，公司只有树立了良好的资本市场形象，才能准确传递公司价值，帮助投资者了解公司战略，从而争取经营理念趋同的投资者加入，使投资者对公司未来的发展达成共识，形成发展合力。

目标二：推动公司价值最大化。公司价值的提升一方面依赖于公司自身的良好发展前景，另一方面依赖于投资者对公司的信任和预期。企业价值最大化强调通过企业财务上的合理经营，采用最优的财务政策，充分考虑资金的时间价值和风险与报酬的关系，在保证企业长期稳定发展的基础上，使企业总价值达到最大，其基本思想是将企业长期稳定发展摆在首位、强调在企业价值增长中满足各方利益关系。

目标三：强化自身能力建设，实现可持续发展。公司要想实现可持续发展，必须具备具有比较优势的核心竞争力、开拓的创新能力以及全方位的控制能力。只有通过不断强化自身能力建设，公司才能实现做强、做大，最终做长的经营目标。

1.1.3 经营内容

1. 投资者关心什么？

企业的竞争力在于对其受众的影响力，企业对于投资者的影响力就在于要经营并且影响投资者的内心世界，我们将其称之为投资者经营。因此，首先要了解投资者关心什么？投资者作为公司股东，显然最根本的目标就是期望从上市公司获得收益，即投资者追求的必然是股东价值的最大化。对于股东来说，他们当然期望企业能够合理分配资源到最有价值的投资商，尽可能多地创造财富，实现股东价值最大化。

价值最大化目标不等同于利润最大化目标，它不仅仅是企业经营状况的全面反映，还反映了企业的未来，强调企业的持续发展能力，而且是企业利益相关者利益的最佳体现。

从狭义角度来讲，企业是债权人和股东的企业，他们提供运营资本，并作为一个整体获得企业的剩余收益，企业的价值是他们剩余索取权益的最佳体现。从广义的角度来看，企业应该是所有利益相关人的企业，企业价值同样和他们的利益息息相关。如果把企业看作众多主体一系列契约的集合体，那么，这些当事人便成为当然的利益相关人。企业中的剩余索取排序安排，保证了资金供给者在价值最大化的过程中，兼顾其他相关群体的利益。为使企业最终价值最大化，企业股东还会牺牲企业暂时的经营利润，进行研发投资、环保建设、投资公益事业等。这样，企业相关群体的利益在企业价值最大化的目标下达成统一，价值最大化因此也成为企业管理和股东的终极目标。

股东追求的价值最大化目标，归结到上市公司成为价值管理行为的一部分。上市公司通过综合运用多种科学、合规的价值经营方法和手段，以达到公司价值创造最大化、价值实现最优化的战略管理行为，最终促进股东价值最大化。因此，对于投资标的，股东关注的应当是企业的价值创造、价值实现和价值经营过程。

价值创造从过程上或手段上来看可通过发现价值、制造价值和整合价值使得企业内在价值最大化，从结果上看可从上市公司的盈利能力和成长性等方面进行评估，具体可分为基础价值和成长价值。基础价值是从上市公司的盈利能力、价值创造量和价值创造效率等指标来反映，体现的是企业的当前信息。成长价值是代表公司未来的发展和盈利能力，采用成长性指标来度量。

价值实现强调的是通过公司治理、投资者关系管理等价值实现方法将公司的内在价值进行清晰地描述并传递给资本市场，其直接体现是公司市值，它是投资者能够感知到的公司价值，是基于价值创造的外在价值反映。价值实现旨在提高投资者对公司经营管理的认同，实现对投资者预期的管理，达到外在价值和内在价值统一的目的。

价值经营强调价值的管理过程，主要通过企业竞争力建设、创新力建设、控制力建设等方式，保障企业的持续经营和持久的价值创造能力，这也是价值投资者进行长期投资的前提和基础。

我们认为，价值创造源于企业的创造力建设，价值实现源于企业的公信力建设，价值经营源于企业的发展力建设。具体如图 1-2 所示。

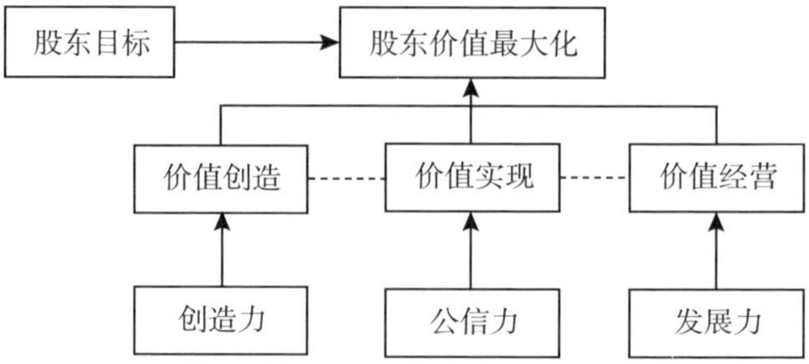

图 1-2　投资者经营的内容

2. 投资者经营的具体内容

由此，马应龙的投资者经营内容，即经营的是三个力为：公信力、创造力和发展力。

公信力是公司市场溢价的来源和市值表现的平台，是投资者对上市公司信任和理解程度的外化。公信力建设的途径则是构建企业诚信规范的市场形象，获得公众信任的力量。公信力建设的目标在于企业的价值实现，目的是向投资者最大限度地揭示公司价值，最大限度地消除信息不对称，争取投资者对公司价值的认识和认同。公信力建设包括公司企业文化建设、治理结构完善、信息披露质量提升、投资者关系管理以及社会责任履行等。

创造力是企业现在创造价值的能力，也是企业得以存在和发展的根本。创造力是企业的经营能力和获利能力的体现，是企业运转的动力源，是企业存在的生命力。对投资者来说，企业创造力是他们评估企业价值的重要依据。公司致力于不断提升企业创造力，追求价值创造能力和良好的风险控制能力，提高企业的盈利水平，实现有限资源投入下产出最大化的目标。

发展力是公司的持续发展能力，是公司未来盈利能力的体现。发展力是企业保持持续成长性的能力，体现的是对企业未来获利能力的评估和预测程度。公司发展力构建包括竞争力建设，体现为对受众的影响力，如产品力、营销力与品牌力，包括创新力建设、控制力建设等。保持企业持续的成长性，实现企业的永续经营是企业经营的最终目标，企业的可持续发展要求企业在追求永续发展的过程中既要考虑近期利润增长和市场扩大化，又要考虑长期持续的利润增长、股东价值增值和永续经营，在动态环境中不断整合、升级管理体制、管理理念和管理方法，实现企业的持续性进化。

公信力体现在投资者对上市公司经营管理的信任中，代表投资者能够辨识和认可企业所创造的内在价值的程度，是外在价值部分；创造力则是企业当前已经创造的价值，发展力是企业未来能够持续创造的价值，代表企业发展的潜力和潜能，两者都属于企业的内在价值。在马应龙的投资者经营系统中，核心即是三力建设，其中，公信力是基础，创造力是关键，发展力是目标。具体如图 1-3 所示。

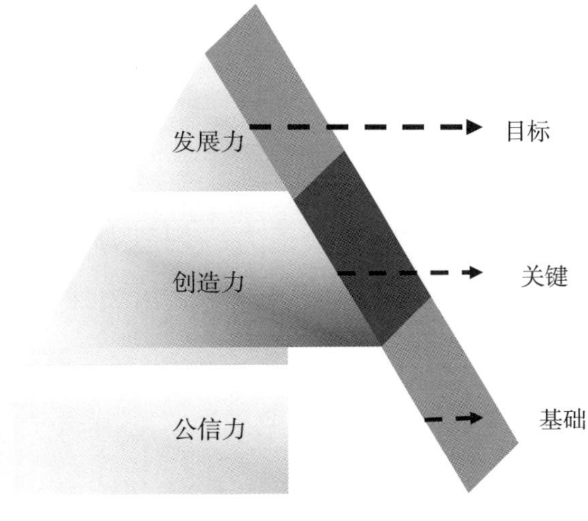

图 1-3 投资经营的三力

1.1.4 投资者经营与投资者关系管理

投资者经营与投资者关系管理的对象都是投资者，但是两者在含义、范围和侧重点方面都有明显差异。

两者的含义不同。投资者关系管理是指通过投资者的信息调研、信息沟通与关系管理方式，建立企业与投资者的良性互动关系，形成稳定和优质的投资者基础，获得长期的市场支持的管理。投资者关系管理主要是维护上市公司与投资者之间的互动关系，帮助投资者了解公司，为投资者参与公司经营提供渠道，促进投资者与公司的沟通，赢得投资者信任，建立公司的市场公信力。而投资者经营是以投资者为核心，以为投资者创造价值为目标，开展针对性的经营管理活动。两者都是以投资者为核心开展工作的，但是又有着明显区别。

两者的涵盖范围不同。投资者关系管理涵盖范围相对较小，指的是直接与投资者接触的相关工作；而投资者经营涵盖范围较广，凡是为投资者创造价值的行为都属于投资者经营的范畴，显然投资者关系管理是投资者经营的一部分。

两者的侧重点不同。投资者关系管理重在沟通，侧重于管理性行为；投资者经营重在价值创造，侧重于经营行为，当然经营行为本身就包含管理行为。

1.2 投资者经营系统

投资者经营系统以经营内容公信力、创造力、发展力为维度展开，故投资者经营系统包含三个子系统建设，即公信力建设、创造力建设、发展力建设。如图 1-4 所示。

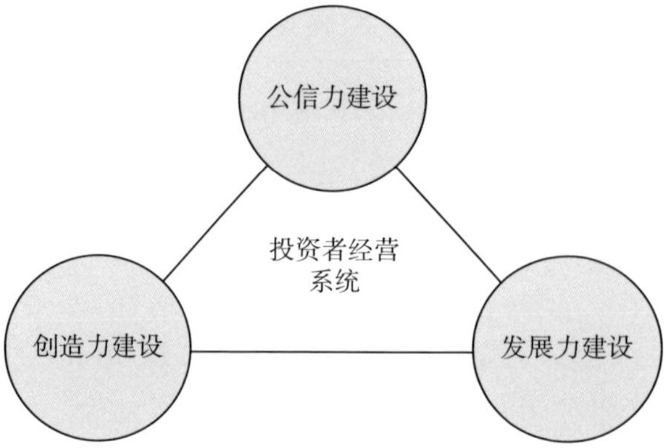

图 1-4　三力系统建设

各子系统建设由经营目标、经营内容、经营原则、经营方式以及评价系统五个要素构成。经营目标是子系统在投资者经营中所达到的效果；经营内容是子系统的主体，构建成子系统下的多维度主体；经营原则是子系统在经营与运作的过程中需遵循的指导规范；经营方式是建设各子系统的主要手段和内容；评价系统起到反馈评估的作用。经营目标、经营内容、经营原则、经营方式、评价系统是逐层递进的关系，经营内容是支持经营目标的达成，经营方式是经营内容的主要建设手段，评价系统则是基于营运系统运转情况的评估，它们构成一个运转整体，不可分割。具体如图 1-5 所示。

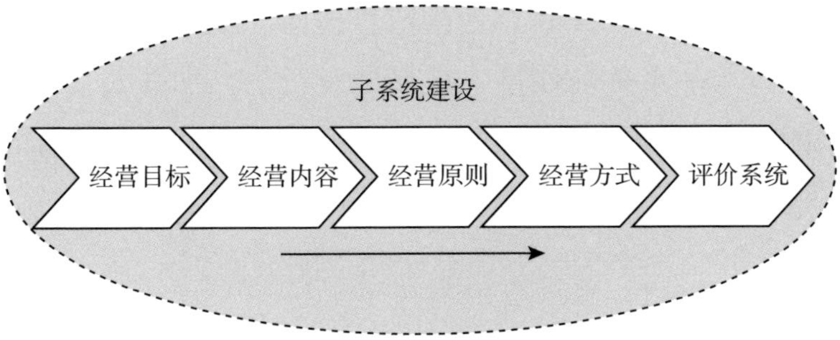

图 1-5　子系统架构

2. 公信力建设

公信力体现了企业在受众心目中的信誉及形象，强调对受众的影响力。积极向上、真诚信达的企业文化，能够引领企业持续奋进、诚实守信，这是赢得投资者信赖的前提，也是公信力建设的基础，同时企业还可以通过规范的公司治理、及时有效的信息披露、良好的投资者关系以及企业社会责任履行等一系列的制度、机制以及行为，加强公信力建设，并通过建设起来的公信力较为准确地传递公司价值，帮助投资者作出判断，增强对投资者的影响力。公信力建设的主要内容如图 2-1 所示。

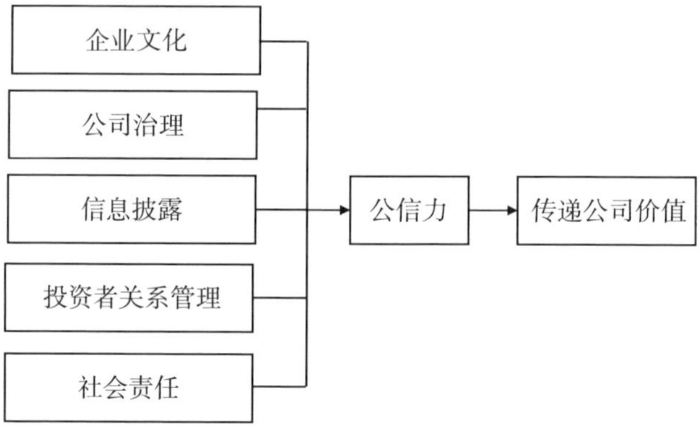

图 2-1　公信力建设主要内容

2.1　经营目标、内容及原则

2.1.1　经营目标

公信力建设的目标就是强化对受众的影响，增强使公众信任的力量，从而促成企业的价值实现。企业公信力建设是在秉承真诚信达的企业文化基础上，通过完善治理结构，获得股东信任，建立投资者长期持股的吸引机制。公信力体现的是投资者对企业信赖和信任程度，代表企业的社会形象，是企业诚信度的反映。对于上市公司来说，公信力意味着诚信规范的良好市场形象，是企业发展所必须构建的，是投资者选择上市公司的前提。

公信力系统的主旨是构建马应龙诚信规范的市场形象，建立投资者对马应龙的信心，形成公司良好的社会形象。公信力系统的运作是为了让投资者更深入地了解马应龙，能够清晰地判断公司价值，是实现公司内在价值外化的媒介。内在价值是企业价值创造经营的结果，外在价值则是通过公信力系统的运作达到的成果。实现公信力系统的有效运作能够实现公司内在价值与外在价值的统一。

2.1.2 经营内容

马应龙公信力系统的经营涵盖企业文化、公司治理、信息披露、投资者关系管理、社会责任履行五个方面。

企业文化是用以指导企业开展生产经营活动的各种行为规范、群体意识和价值观念，是以企业精神为核心的价值体系，集中体现了一个企业独特的、鲜明的经营思想和个性风格，反映了企业的信念和追求，是企业群体意识的集中体现。倡导诚信的企业文化能够有效赢得包括投资者在内的各方利益相关者的认可和信赖，有助于企业在竞争中获得先发优势，也有助于企业实现长久发展。

公司治理的规范性和有效性是投资者关注企业是否诚信规范的重要依据。公司治理强调通过建立和完善公司相关制度来协调公司与所有利益相关者之间的利益关系，以保证公司决策的科学性、有效性，从而达到维护公司各方面利益的目的。公司治理的主要内涵是明确企业运作的整个基本网络框架，考察构成企业各利益相关主体之间的权责利划分，以及采取什么样的手段实现相互制衡。公司治理是在既定的治理模式下为实现企业的目标而采取的行动。这是财富创造的源泉和动力。内部控制系统是公司治理水平的直接体现。

信息披露是上市公司在证券发行、上市和交易等一系列过程中依照法律、法规、证券主管部门管理规章及证券交易场所等自律监管机构的有关规定，以一定方式向投资者和社会公众公开披露与证券有关信息的行为，通常以招股说明书、上市公告书以及定期报告和临时报告等形式，将公司及与公司相关的信息向投资者和社会公众进行公开传递。信息披露是上市公司与投资者和社会公众全面沟通信息的桥梁，能够有效帮助投资者和社会公众深入了解公司，减少信息不对称，从而有效节约代理成本。

投资者关系管理强调运用传播和营销的原理，通过管理公司同财经媒体、投资者及其他各界进行信息沟通的内容和渠道，以实现相关利益者价值最大化并如期获得投资者的广泛认同，规范资本市场运作、实现外部对公司经营约束的激励机制、实现股东价值最大化和保护投资者利益，以及缓解监管机构压力等。投资者关系管理的核心是通过沟通，促进了解和认同。在沟通过程中，公司首先应将投资者关系管理作为公司长期持续的一种观念和态度，与投资者平等、诚恳、相互尊重的沟通，取得投资者的信任；其次要讲究沟通的方式方法，注意运用资本营销等技术，从而保证沟通的效果。在投资者关系管理中，公司与投资者沟通的内容是与投资者决策相关的信息，可综合运用电话、参观、分析师会、小型说明会、一对一介绍、路演等沟通形式。

企业社会责任是企业在创造利润、对股东和员工承担法律责任的同时，还要承担对消费者、社区、环境等的责任，企业的社会责任要求企业必须超越把利润作为唯一目标的传统理念，强调对人的价值的关注，强调对环境、消费者、社会的贡献。社会责任一直以来是公司经营关注的重点之一。马应龙对于社会责任的理解可以分为以下三方面。

(1)社会责任是马应龙作为企业公民所必须遵从的社会契约。社会责任从本质上讲就是企业公民的社会契约，企业首先是社会中的企业，然后才是相对独立的经营实体、企业法人。企业以实现永续经营为目的，企业生命周期越长，社会契约的价值越显著，企业的支付与获得越对称。

(2)社会责任是马应龙经营宗旨的题中之义。“为顾客创造健康、为股东创造财富、为员工创造机会、为社会创造效益”的经营宗旨，其实质核心就是利益相关方多元均衡，即通过马应龙的经营，使各方利益主体获得持续的、公平的、最大化的利益，以企业为载体构建稳固的利益关系平台。

(3)社会责任是马应龙实施品牌经营战略的必然选择。马应龙传承着400多年的历史文化，致力于健康产业的专业化发展，必须打造强势品牌，追求基业长青。从实践角度看，经营目标客户、经营投资者等抽象活动必须归结到以品牌为载体的具体范畴，以品牌为纽带，整合社会资源，从而达到可操作性和可实现性的目的。承担并履行社会责任本身就是马应龙品牌的支柱之一。

建立和完善社会责任体系，实现公司、股东、员工、社会共赢的利益共享格局，始终是马应龙坚持的目标和宗旨。

2.1.3 经营原则

公信力的建立坚持规范性原则、稳健性原则和利益协调原则。

规范性原则要求公司各项经营管理活动务必严格按照法律法规的要求开展，尤其作为公众性的上市公司，其各项经营管理行为都在广大股东的监督下，“规范经营”显得尤为重要。这里的规范性不仅仅指的是被动的遵纪守法，更是要求公司积极优化治理结构，提高风险控制水平，以现代企业制度要求来管理公司，以持续发展为公司经营目标，避免因短期利益而损害长期利益的短视行为。

稳健性原则要求公司在处理不确定的经营业务或作出结果不确定的决策前，应持谨慎的态度，不冲动、不盲目。在结果不明确时，更是要详细调研，充分论证，分析可能存在的机会和风险。实施谨慎原则，有利于企业作出正确的经营决策，有利于保护所有者和债权人的利益，提高企业在市场上的竞争力，从而赢得投资者的信任。

利益协调原则要求公司注重各方利益主体的均衡发展，这也是公司经营宗旨的内容。企业应该是所有利益相关人的企业，企业价值与所有利益相关者息息相关。股东价值仅仅是企业价值的一个方面而不是全部，只有实现企业价值的最大化才能确保股东价值的最大化。只有兼顾企业生存链的各方利益主体的利益，营造良好的内外部环境，才能保障企业持续稳定健康地发展。

2.2 企业文化

诚信是企业经营发展的基础，企业只有在经营活动中遵守诚信，才能在发展过程中源源不断地吸引各方资源拥有者，并将其聚集在企业这一平台上，共同助推企业价值创造与实现。

2.2.1 文化起源

马应龙始于明朝万历年间，是拥有400余年历史的中华老字号企业。400多年来，马应龙持续经营，谱写了悬壶济世的医药传奇。名贵药材，经典处方，成就了马应龙产品的专业品质；以真修心，以勤修为，历炼出马应龙人的精神品质。

创始人马金堂潜心研习医学典籍所载眼科方剂，摸索总结出一套独特的眼药制作技艺，并以牛黄、麝香、冰片、琥珀、珍珠、炉甘石、硼砂、硇砂八味名贵药材创制"八宝眼药"，免费施于患者，经过多年验方演化，自成一方。因源于定州，外埠人又称其为"定州眼药"。马金堂的后人马应龙将"八宝眼药"定名为"马应龙定州眼药"，在定州北街开设眼药铺，马应龙眼药正式行销于市。100多年前，19世纪与20世纪之交，马应龙定州眼药店分店在武昌开业，马应龙不仅抵挡住洋眼药的冲击，而且远销东南亚各国，成为中国最早向海外出口商品的四大企业之一。400年来马应龙持续经营畅行不衰的奥秘，来源于其八宝古方的神奇和"以真修心、以勤修为"的古训带来的品质保证，一个是物质传承，一个是精神传承。

从朴素的"以真夺人，以勤治店"的祖训到"以真修心，以勤修为"的企业经营哲学，马应龙人始终将脚踏实地的精神与远大的理想相结合，使得马应龙眼药制作技艺虽历经数百年的朝代更迭、战争炮火的洗礼，却难能可贵地存活下来，并逐渐发扬光大，2011年马应龙眼药制作技艺入选

图 2-2 民国时期报纸所登载的马应龙眼药广告

“国家非物质文化遗产名录”。

2.2.2 文化内涵

围绕着“以真修心，以勤修为”的古训，马应龙不断践行企业文化，传承企业精神，并以此规范和指导着自身行为。将“以真修心，以勤修为”的古训贯彻体现在企业的常态化经营活动中。

1. “以真修心，以勤修为”

“以真修心，以勤修为”倡导真诚实在做人，勤劳踏实做事。真是第一道德。真善美是道德的起点，唯真才善，唯真才美，唯真才坚。所以我们在炮制药品时务求真材实料，为人处世时务求真心实意，待人接物时务求真诚信达，学习时务求真知灼见，探索时务求真理真谛，评价时务求实事求是。勤是第一方法。任何方法，无论多么精巧，必须以勤为起点，勤勉务实，脚踏实地。天道酬勤，一分耕耘一分收获。修是第一关键。在纷纭复杂不断变化的大千世界之中，以不变应万变，格物致知，修身养性，不断培养品格志向，不断积累知识经验，不断提高经营能力。

2. “龙马精神”

马应龙的企业精神，体现在“马应龙”三个字上，“龙”寓示着远大的理想，坚定的信念，执著的追求，发现规律，驾驭规律，与时俱进，处理好人与自然、人与社会的关系。“马”寓示着脚踏实地，顺应规律，尊重规律，以包容的胸怀厚积德行。“应”意为“呼应”，将包容、虔诚的品德与踏实、奋发、向上的精神相结合，远大理想与踏实肯干相结合。我们倡导的企业精神“龙马精神”，正是追求龙的精神与马的德范相呼应，自强不息与顺势而为相结合，追求行为与理念、务实与务虚相统一，追求人与自然之间“天人合一”的和谐，追求人与社会之间“人人为我、我为人人”的和谐。

龙马精神实际上揭示了《易经》中乾卦和坤卦的关系，体现了中国文化二合一的思维理念，它将对立博弈的利益关系转化为共生共存、协调发展的生态关系。夫龙者，径行于天，潜入水，显从云；象征天，显示宇宙的变化规律，属乾卦。其精神文化的终极表达为：“天行健，君子以自强不息。”夫马者，驰骋于地，动如风，柔顺而勤劳；象征地，属坤卦。其文化的终极表达为：“地势坤，君子以厚德载物。”夫应者，意为“呼应”，马与龙同声相应，同气相求，形而下者为马，需躬身笃行；形而上者为龙，需孜孜以求。

2.3 公司治理

公司治理是一套旨在促进管理人员行为与公司各利益相关者利益目标相一致的制度安排。其核心功能是安排公司各利益相关主体与经理人员之间的关系，以减弱或消除存在于两者之间的潜在利益冲突，解决委托代理问题。

公司治理问题的关键是对经营者尤其是高级经理人员的责、权、利的制衡，主要体现为对企业剩余索取权和控制权的安排。从委托代理关系看，企业所有者(股东(大)会)与高级管理层(公司高级经理人员)形成的公司一级合约，其核心内容是企业净剩余与企业价值的最大化；从产权关系看，产权关系既影响股权结构又影响控制结构，而股权就是企业所有者对剩余的利得权；从企业管理和市场经济的角度看，作为资源转化系统的企业，其终极目标就是创造价值，即实现价值的增值，公司治理就是市场主体通过各种合约对剩余索取权和控制权进行分配。公司治理的核心概念与主要内容如图 2-3 所示。

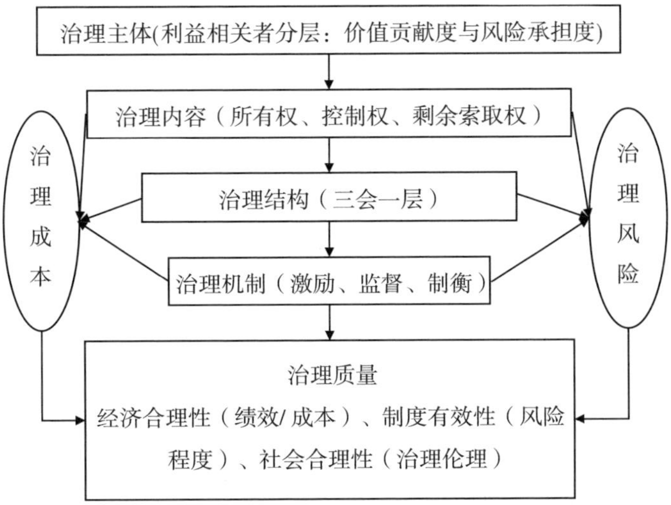

图 2-3 公司治理的核心概念与主要内容

2.3.1 公司治理目标、内容与原则

1. 公司治理目标

公司治理的目标主要在于通过促进利益各方(股东、管理层、债权

人、员工等)的协作，实现利益各方的利益均衡，以达到保护股东的利益和实现公司的其他目标。进一步可分为三个主要目标。

一是保护股东的权利和利益，实现股东价值和长期投资回报最大化，增强投资者的信心。

二是确立一种以坚实的商业战略和行动计划为支撑的公司运行风格和经营基础。

三是建立一种对公司的组织、资源、资产、投资和整个公司的运作进行控制的总体框架，以及对管理人员的活动和业绩进行监督和保持必要的控制，以应对风险管理问题。

2. 公司治理内容

公司治理的内容包括三个层次：公司内部治理机制、公司外部治理市场、有关公司治理的法律法规。

(1)公司内部治理机制的主要内容是在公司内部构造一个合理的权力结构，从而在股东、董事会与经理人之间形成一种有效的激励、约束与制衡机制，以保证公司遵守有关法律法规的同时，实现公司及股东利益的最大化。

(2)公司外部治理市场主要是指在公司外部的产品市场、资本市场、经理人才市场等外部市场中，通过产品与价格竞争、公司控制权竞争、经理人才竞争等方式对公司产生激励约束作用。

(3)有关公司治理的法律法规主要是指政府及监管部门为了保护广大投资者的利益、保证公司遵守国家法律与社会道德规范而制定的一系列规定，包括董事的法律责任、会计准则、信息披露要求等，这些法律法规构成了有关公司治理的法律约束。

3. 公司治理原则

公司治理有五大基本原则，具体如下。

一是公司治理框架应保护股东权利。

二是应平等对待所有股东，包括中小股东和国外股东，如果股东的权利受到损害，他们应有机会得到有效补偿。

三是应确认公司利益相关者的合法权利，鼓励公司与他们开展积极合作。

四是应确保及时、准确地披露所有与公司有关的实质性事项的信息，包括财务状况、经营状况、所有权结构以及公司治理的状况等。

五是董事会应确保对公司的战略指导、对经营层的有效控制，董事会对公司和股东负责。

2.3.2 公司治理架构

公司治理结构是为实现公司最佳经营业绩，公司所有权与经营权基于信托责任而形成相互制衡关系的结构性制度安排，是由股东(大)会、董事会和执行经理层等形成的相互关系框架。

(1)股东(大)会。股东是公司的最终所有者，对公司资产拥有终极控制权和剩余索取权。股东(大)会是公司的权力机构，股东通过股东(大)会行使自己的审议权和投票权，维护自己的法定权益。

(2)董事会。董事会是由股东选举产生的，作为股东的代表行使对经理的监督和控制，并批准有关企业的重大决策。

(3)董事会专业委员会。董事会专业委员会通常是由董事会设立的由公司董事组成的行使董事会部分权力或者为董事会行使权力提供帮助的董事会内部常设机构。

(4)经理层。在公司的治理结构中，经理层是公司的经营者，和董事会之间是委托代理关系。经理由董事会聘任，对董事会负责。

(5)监事会。监事会是常设监督机构，监事由股东大会选举产生，代表股东大会执行监督职能。

2.3.3 公司治理机制

为确保公司治理架构顺畅运行，公司制定了一系列相配套的运行机制，主要包括决策机制、监督机制和激励机制。

1. 决策机制

公司治理的权力系统由股东(大)会、董事会、监事会和经理层构成,决策机制解决的就是公司权力在上述机构中如何科学、合理地分配,决策机制是公司治理机制的核心。

涉及股东大会权力范围内的决策,其决策中心是股东大会,决策执行系统是董事会(包括经理层),决策监督系统是监事会。涉及董事会权力范围内的决策,其决策中心是董事会,决策执行系统是经理层,决策监督系统是审计委员会。涉及高层经理权力范围内的决策,其决策中心是总经理,决策执行系统是部门经理,决策监督系统是内部审计机构。至于基层经理决策,其决策中心是相关的业务部门经理,决策执行系统是各部门员工,决策监督系统以财务会计部门为主。决策组织系统的构成如表 2-1 所示。

表 2-1　**决策组织系统的构成**

分层决策的类型	决策中心	决策执行系统	决策监督系统
股东大会决策	股东	董事会	监事会
董事会决策	董事会	总经理	审计委员会
高层经理决策	总经理	部门经理	内部审计机构
基层经理决策	部门经理	员工	财务管理部门

2. 监督机制

监督机制是公司的利益相关者针对公司经营者的经营结果、经营行为或决策所进行的一系列客观而及时的审核、监察与督导的行动。公司内部权力的分立与制衡原理是设计和安排公司内部监督机制的一般原理。公司内部的监督机制包括股东(大)会和董事会对经理层的监督和制约,监事会对董事会和经理层的监督和制约,也包括它们之间权力的相互制衡与监督。

(1)股东(大)会的监督机制。具体来说，股东(大)会对公司经营活动及董事、经理的监督主要表现为：①选举和罢免公司的董事和监事。②对玩忽职守、未能尽到受托责任的董事提起诉讼。③对公司董事会、经理层的经营活动及有关的账目文件具有查阅权，以了解和监督公司的经营，此即知情权和监察权。④通过公司的监事会对董事会和经理层进行监督。

(2)董事会的监督机制。董事会对经理层的监督表现为一种制衡关系，其通过行使聘任或解雇经理层人员、通过制定重大和长期战略来约束经理层人员的行为，以监督其决议是否得到贯彻执行以及经理人员是否称职等。

(3)监事会的监督机制。监事会是公司专事监督职能的机构，监事会对股东(大)会负责，以出资人代表的身份行使监督权，以董事会和经理层人员为监督对象。主要表现在：①通知经营管理机构停止违法或越权行为。②随时调查公司的财务情况，审查文件账册，并有权要求董事会提供情况说明。③审核董事会编制的提供给股东(大)会的各种报表，并把审核意见向股东(大)会报告。④当监事会认为有必要时，可提议召开股东(大)会。

(4)员工的监督机制。公司员工和工会在公司治理的监督机制中也发挥着监督作用。员工是公司的利益相关者，有维护自身利益、关注公司利益、对公司经营进行监督的权利，其行使监督权的途径和方式，一是推选职工监事进入公司监事会，二是通过公司工会行使监督权。

3. 激励机制

公司治理的激励机制解决的是委托人与代理人之间的代理成本与代理人动力的问题，是关于公司所有者(股东)与经营者如何分享公司经营成果的一种契约安排，旨在使经营者获取其经营一个企业所付出的努力与承担的风险相适应的利益，同时也使其承担相应的风险和约束，最终目标就是为了最大限度地挖掘经营者的潜力和效能，实现公司利润，即股东利益的最大化。通过股东与经营者利益的博弈，最终实现股东与经营者“双赢”的利益格局。对经营者行之有效的激励机制包括以下几种。

(1)报酬激励机制。对经营者的报酬激励，可以由固定薪金、股票与股票期权、退休金计划等构成。固定薪金起着基本的保障作用，优点是稳定性好，没有风险，缺点是缺乏足够的灵活性和高强度的刺激性。奖金和股票，与经营者业绩密切相连，对经营者来说，有一定的风险，也有较强的激励作用，但容易引发短期行为。股票期权是指允许经营者在一定时期内，以接受期权时的价格购买股票，如果股票价格上涨，经营者的收益就会增加，这种方式在激励经营者长期化行为时，作用显著，但风险很大，时间越长，经营者面临的不确定因素就越多。退休金计划有利于激励经营者的长期行为，以解除其后顾之忧。

(2)剩余支配权与经营控制权激励机制。剩余支配权激励机制就是公司股东与经营者约定，分享公司经营利润的一种激励方式。经营控制权激励机制，经营控制权使得经营者具有职位特权，享受职位消费，能够给经营者带来正规报酬激励之外的物质利益满足。

(3)声誉或荣誉激励机制。这种激励属于精神激励的范畴。声誉、荣誉及地位是激励经营者努力工作的重要因素，一方面能使经营者获得社会赞誉，产生成就感和心理满足，另一方面可能意味着未来的货币收入。

(4)聘用与解雇的激励机制。聘用和解雇对经营者行为的激励，是通过职业经理人人才市场的竞争来实现的。这种激励方式与声誉激励相联系，声誉是经理被聘用或者解聘的重要条件，经营者对声誉越重视，这种激励手段的作用就越大。

2.3.4 马应龙公司治理设计与安排

围绕着公司治理的目标、内容及原则，马应龙认真履行中国证券监督管理委员会、上海证券交易所的要求以及其他监管要求，不断规范和改善公司治理，建立了一套具有自身特色的公司治理架构及相适应的配套机制，建立了股东大会、董事会及相应的专门委员会、监事会和总经理负责的经营层，并配套建立了《公司章程》《股东大会议事规则》《董事会议事规则》《监事会议事规则》《战略委员会议事规则》《提名委员会议事规则》《薪酬与考核委员会议事规则》《审计委员会议事规则》《投资管理委员会议事规则》《品牌管理委员会议事规则》《风险管理委员会议事规则》《创新管理委员会议事规则》等议事规则，并在规则中对于各机构的职责、职权、审议决策程序进行了明确划分和规定，以确保这些机构协调运转，有效制衡，规范运作；以实现多元主体的利益均衡，达到保护股东的利益和实现公司的其他目标。

1. 马应龙治理架构

马应龙公司治理架构包括股东大会、董事会、监事会、经理层以及董事会下设的八个专业委员会，分别为战略委员会、提名委员会、薪酬与考核委员会、审计委员会、投资管理委员会、品牌管理委员会、风险管理委员会、创新管理委员会。

(1)股东大会。马应龙股东大会是由全体股东组成的，是公司的权力机构，具有以下职权：决定公司的经营方针和投资计划；选举和更换非由职工代表担任的董事、监事，决定有关董事、监事的报酬事项；审议批准董事会报告、监事会报告；审议批准公司的年度财务预算方案、决算方案、利润分配方案和弥补亏损方案；对公司增加或者减少注册资本作出决议；审议批准收购本公司股份方案；对发行公司债券作出决议；对公司合并、分立、解散、清算或者变更公司形式作出决议；对公司聘用、解聘会计师事务所作出决议；审议达到规定的担保事项；审议公司在一年内购买、出售重大资产超过公司最近一期经审计总资产30%的事项；审议批准变更募集资金用途事项；审议股权激励计划；审议法律、行政法规、部门规章或公司章程规定应当由股东大会决定的其他事项。

(2)董事会及其下设专业委员会。马应龙设有董事会，对股东大会负责，董事会由9名董事组成，其中，董事长1名，副董事长1名，独立董事3名，其余董事4名。公司董事会设立审计委员会，并根据需要设立了战略、提名、薪酬与考核、投资管理、品牌管理、风险管理、创新管理等专门委员会。专门委员会对董事会负责，依照马应龙公司章程和董事会授权履行职责，提案提交董事会审议决定。董事会负责制定专门委员会工作规程，规范专门委员会的运作。

董事会具有以下职权：召集股东大会，并向股东大会报告工作；执行股东大会的决议；决定公司的经营计划和投资方案；制订公司的年度财务预算方案、决算方案；制订公司的利润分配方案和弥补亏损方案；制订公司增加或者减少注册资本、发行债券或其他证券及上市方案；拟订公司重大收购、收购本公司股票或者合并、分立、解散及变更公司形式的方案；在股东大会授权范围内，决定公司对外投资、收购出售资产、资产抵押、对外担保事项、委托理财、关联交易等事项；决定公司内部管理机构的设置；制定公司的基本管理制度；制订公司章程的修改方案；管理公司信息披露事项；向股东大会提请聘请或更换为公司审计的会计师事务所；听取公司经理的工作汇报并检查经理的工作；根据董事长提名，聘任或解聘公司总经理、财务总监、董事会秘书等高级管理人员；根据总经理提名(除董事长提名以外的)，聘任或解聘公司副总经理等高级管理人员，决定其报酬事项和奖惩事项；规定情形下收购公司股份；法律、行政法规、部门规章或公司章程授予的其他职权。

董事会下设的八个专门委员会，其中战略委员会主要负责对公司发展战略、长期规划及重大决策进行调查研究，并向董事会提交决策建议。提名委员会主要负责对公司董事和经理人员的备选人、选择标准和程序进行调研分析并向董事会提出建议。薪酬与考核委员会主要负责审查公司经理人员考核方案提交董事会通过后督导实施，负责审查公司经理人员的薪酬政策与方案并对董事会提出建议。审计委员会主要负责公司内外部审计的沟通、监督和核查工作。投资管理委员会主要负责对公司投资决策进行研究并提出建议，为董事会决策提供专业支持。品牌管理委员会主要负责针对品牌管理、市场营销等的重大决策事项，是品牌管理的决策议事机构。风险管理委员会主要负责研究制定公司总体内部控制和风险管理制度，完善公司风险控制体系，审查公司经营管理和业务运作，监督公司内部风险控制制度的执行情况，统筹公司危机公关和舆情风险控制工作。创新管理委员会主要负责统筹公司创新工作，制定创新目标，审核创新提案，制定相关战略，并对具体工作开展进行督导和核查。

(3)监事会。马应龙设有监事会，由3名监事组成，监事会设主席1人，同时监事会中包括1名职工监事，由公司职工通过职工代表大会、职工大会或者其他形式民主选举产生。监事会具有以下职权：对董事会编制的公司定期报告进行审核并提出书面审核意见；检查公司财务；对董事、高级管理人员执行公司职务的行为进行监督，对违反法律、行政法规、公司章程或者股东大会决议的董事、高级管理人员提出罢免的建议；当董事、高级管理人员的行为损害公司的利益时，要求董事、高级管理人员予以纠正；提议召开临时股东大会，在董事会不履行《公司法》规定的召集和主持股东大会职责时，可召集和主持股东大会；向股东大会提出提案；依照《公司法》第152条的规定，对董事、高级管理人员提起诉讼；发现公司经营情况异常，可以进行调查；必要时，可以聘请会计师事务所、律师事务所等专业机构协助其工作，费用由公司承担等。

(4)经理层。马应龙经理层由总经理及其他高级管理人员构成，主要包括总经理、副总经理、财务总监、总经理助理、董事会秘书等。总经理对董事会负责，具有以下职权：主持公司的生产经营管理工作，组织实施董事会决议，并向董事会报告工作；组织实施公司年度经营计划和投资方案；拟订公司内部管理机构设置方案；拟订公司的基本管理制度；制定公司的具体规章；提请董事会聘任或者解聘公司副总经理、财务负责人；决定聘任或者解聘除应由董事会决定聘任或者解聘以外的负责管理人员；公司章程或董事会授予的其他职权。公司治理架构如图2-4所示。

2. 马应龙治理机制

(1)决策机制。马应龙的决策机制包括三个方面：权力结构、责权利关系和组织保证体系。权力结构，即明确公司内部的权利关系，明确决策主体。责权利关系强调要建立起与权利结构相适应的利益结构，正确处理责权利关系。组织保证体系强调除了权利保证外，还要依托组织保证，为决策者出谋划策，做好方案评估、方案论证和决策宣传，提供及时、准确、适用的信息支持等。

马应龙在公司治理决策机制的指导下，建立了层级式的决策机制。在

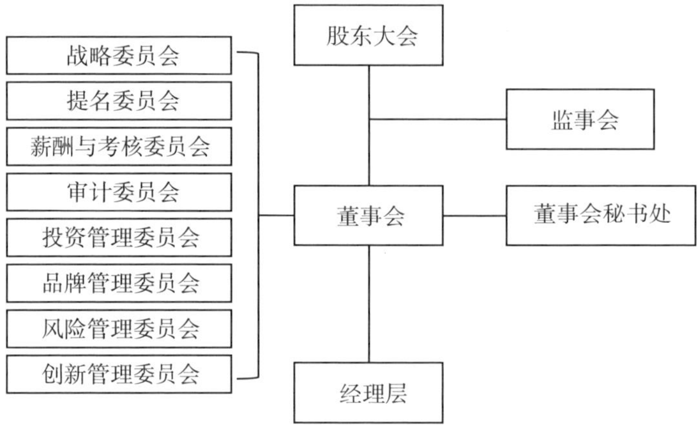

图 2-4　马应龙公司治理架构

上述公司治理结构以及《公司章程》中，马应龙明确了股东大会、董事会及其下设委员会、监事会、经理层的职权，并对其职权的行使进行了明确规定，实施了合理授权，以保障决策的民主性、科学性和有效性，比如何事需由股东大会审议，何事仅需董事会甚至经理层决定即可。同时董事会层面配置了相应的专业委员会，为其决策提供相应的信息支持；公司层面也配置了相应的议事机构，为经理层的决策提供信息支持。关于基于公司组织架构及职权描述的决策内容在上述马应龙治理架构中已有所涉及，此处不再赘述。

(2)监督机制。马应龙在监督机制方面，主要是在公司整体架构上通过完善治理结构，明确各级人员的责权利，强化监督与制衡，以保障公司经营决策能够最大限度地保障股东权益，以及确保多元主体的利益均衡。

马应龙内部的监督机制包括股东(大)会和董事会对经理层的监督和制约，监事会对董事会和经理层的监督和制约，也包括它们之间权力的相互制衡与监督。具体而言，包括股东大会对公司经营活动及董事、经理的监督；董事会对经理层的监督；监事会对董事会和经理层的监督以及公司员工对企业经营活动的监督，等等。上述监督主要通过公司治理结构的安排以及制度机制的完善得以实现。

(3)激励机制。马应龙不断健全激励机制建设，完善员工福利条件和待遇，营造良好的工作环境氛围。

①物质激励包括薪酬体系、共享体系、福利体系、奖惩体系等。

薪酬体系。公司实行“一厂多制”的薪酬分配基本模式，根据岗位的性质设置不同的薪酬制度，具体为：高管人员的年薪制、管理人员的岗位工资制、销售人员的底薪提成制、生产人员的计件工资制，并在此基础上对特殊人才实行面议工资制，根据市场工资水平以谈判的方式确定薪酬，为引进特殊人才打通薪酬的渠道。

共享体系。一是企业利润共享，公司全面实行考核工资与企业利润挂钩的操作模式，让员工充分共享企业发展和利润成果。二是经营成果共享，公司鼓励员工参与企业经营管理活动，并对其作出的贡献价值进行评估，共同分享经营成果，实现关键人才的长效激励机制，如项目股份经营制、经营层持股、骨干员工分红、经营悬赏奖等。

福利体系。公司制定了《员工福利管理办法》，不断健全员工的福利条件和待遇，包括一般性福利和激励性福利，一般性福利又细分为保障性福利、补贴性福利、教育性福利、服务性福利和设施性福利等；激励性服务包括带薪假期、旅游津贴、增量助学奖励、家属参观周、继续教育支持等。

奖惩体系。公司制定了《员工奖励管理办法》，对在管理、生产、技术、质量、研发、财务、营销、资本经营等方面充分发挥自身资源优势为公司创造了巨大经济效益和良好的社会效益的员工给予一定的奖励；同时，对违反经营管理秩序，违反安全质量、环境保护、财务管理、资产管理、投资管理规定，违反劳动纪律、人事纪律，违反廉洁从业规定和职业道德的行为，根据严重级别给予相应的处罚。

②精神激励包括价值观体系、荣誉体系和关怀体系。

价值观体系。公司不断提炼、总结马应龙文化的精髓，形成一套“1+3+4”的价值观体系，并通过潜移默化的影响，使员工对事物的评判达成共识，有着共同的价值目标，指导员工采用科学的方法从事生产经营活动，在企业中造成了一种团结友爱、相互信任的和睦气氛，使企业职工之间形成强大的凝聚力和向心力。

荣誉体系。公司制定了《先进评选方案》，以马应龙“四种观念”为指导思想和行为准绳的原则，设置1个团队奖(“龙马精神奖”)、4个个人奖(“创新奖”“效益奖”“市场奖”“服务奖”)以及若干非常规奖项、党工团荣誉激励等。

关怀体系。建立了员工生病看望、去世慰问、离退休春节走访慰问、晚婚员工结婚礼品、老员工生日庆祝、退休旅游津贴、特困员工救助、文体活动等多种方式的关怀制度。

③工作激励包括职业发展体系、工作认可体系。

职业发展体系。公司为员工提供了行政序列和业务序列两条发展通道。

工作认可体系。公司建立了多种形式的组织沟通渠道，保障员工能充分地表达自己的意见，与公司管理层保持良好沟通，以获得充分的认可，如绩效面谈、员工思想动态季度报告制度、总经理信箱、集思会、工作例会、合理化建议、满意度调查等。

2.3.5 马应龙内部控制系统

公司治理是促使内部控制有效运行，保证内部控制功能发挥的前提和基础，是实行内部控制的制度环境，内部控制在公司治理中担当的是内部管理监控系统的角色。一方面良好的内部控制是完善公司治理的重要保证，有效的内部控制可以规范会计行为，保证会计资料真实、完整，堵塞漏洞、消除隐患，防止并及时发现、纠正错误及舞弊行为，保护企业资产的安全、完整。另一方面健全的公司治理又是内部控制有效运行的保证。

1. 内部控制系统架构

内部控制系统是由董事会统筹实施，董事会是内部控制系统的核心机构。董事会秘书处为内部控制的体系建设机构，审计监察部为内部控制体系的监督机构，其他部门为内部控制体系的执行机构。具体如图2-5所示。

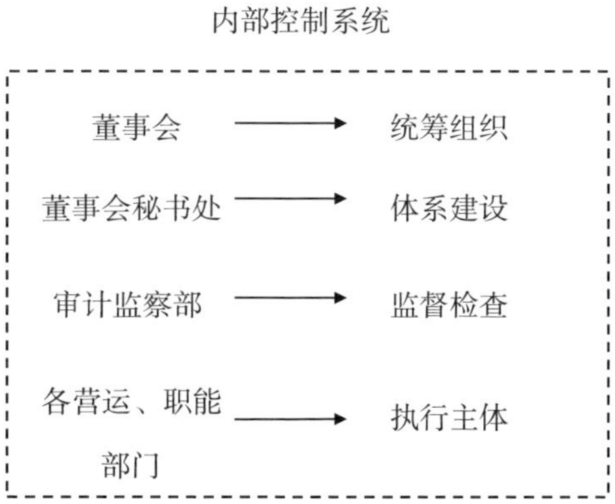

图 2-5 马应龙内部控制系统

2. 内部控制原则

马应龙建立与实施内部控制坚持全面性原则、重要性原则、制衡性原则、适应性原则和成本效益原则。

(1)全面性原则。公司内部控制系统贯穿决策、执行和监督全过程，覆盖公司及其所属单位的各种业务和管理事项。

(2)重要性原则。内部控制体系在全面控制的基础上，主要关注重要业务事项和高风险领域。

(3)制衡性原则。内部控制体系建设实现在治理结构、机构设置及权责分配、业务流程等方面形成相互制约、相互监督，同时兼顾运营效率。

(4)适应性原则。内部控制与企业经营规模、业务范围、竞争状况和风险水平等相适应，并随着情况的变化动态调整。

(5)成本效益原则。内部控制体系运作应当权衡实施成本与预期效益，以适当的成本实现有效控制。

3. 内部控制系统要素

公司建立和实施内部控制体系，主要考虑内部环境、风险评估、控制活动、信息与沟通、内部监督五项要素。

(1)内部环境。内部环境是公司实施内部控制的基础，公司一直以“稳健经营，协调发展”为经营原则，积极创造良好的内部环境，保证内部控制的有效实施。

①治理结构。公司自上市以来，以实现公司价值最大化为目标，以规范运作为原则，遵循《公司法》《证券法》《上市公司治理准则》《上海证券交易所股票上市规则》等法律、法规的要求，建立了较为完善的公司治理结构，维护了上市公司及股东利益，确保了公司持续、健康、稳定的发展。

②控股股东关系。公司控股股东为中国宝安集团股份有限公司，公司与控股股东之间在机构、人员、资产、财务、业务等方面完全独立。公司股东大会、董事会、监事会和经理层各司其职、各负其责，办公地点和生产经营场地与控股股东完全分开；公司董事、监事及高级管理人员系严格按照《公司法》《公司章程》的有关规定选举产生或任命，在劳动、人事及工资管理与股东单位严格分离、独立管理，不存在与控股股东人员任职重叠的情形。

③组织结构。公司按照相关法律、法规及监管部门的要求，设立了符合公司业务规模及经营管理需要的组织机构，贯彻不相容职务相分离的原则，科学地划分了每个组织单位内部的责任权限，形成相互制衡机制。

④内部审计。公司设立了专门内部审计部门(审计监察部)，负责内部控制监督检查工作。内部审计部门由董事会下设的审计委员会直接领导，负责内部控制的检查和监督工作，并向董事会下设的审计委员会报告。

⑤人力资源管理。公司提出并构建了人力资源经营系统，又称为人力资源“4321”模式，它将员工(即人力资源)视为最基本的经营对象，坚持“具备三识三力三观的优秀人才是公司价值创造之源”，以实施“四定”工程为基础，通过四个一批工程优化人力资源结构，实现对人力资源进行分类经营，并将三力系统作为内部营运核心系统，营造、构建具有压力、动力和活力的经营环境，实施各项人力资源经营活动。

⑥企业文化。马应龙在对400余年历史文化、传统中医药文化进行辩证传承的基础上，将现代企业经营理念融入自身文化建设，逐步形成了具有自身特色的文化体系，构建了以“四个创造”的经营宗旨和“三观一精神”为核心的文化体系。

(2)风险评估。公司在建立和实施内部控制时，全面、系统、持续地收集相关信息，及时识别和充分评估公司面临的各种风险，包括内部风险和外部风险，并考虑可以承受的风险水平，从而对原有的内部控制系统进行适当的调整、完善，采取相应的策略，确保内部控制目标的实现。

公司识别内部风险，主要关注：董事、监事、总经理及其他高级管理人员的职业操守、员工专业胜任能力等人力资源因素；组织机构、经营方式、资产管理、业务流程等管理因素；研究开发、技术投入、信息技术运用等自主创新因素；财务状况、经营成果、现金流量等财务因素；营运安全、员工健康、环境保护等安全环保因素。公司识别外部风险，主要关注：经济形势、产业政策、融资环境、市场竞争、资源供给等经济因素，法律法规、监管要求等法律因素。

(3)重点业务控制。

①产品质量控制。公司设有专门的质量保证部，负责公司产品的质量管理工作；建立了完善的质量保证体系，加强对生产全过程的监督和检查，保证了产品质量。公司制定了高于法定标准的原辅料、中间产品、成品内控质量标准，严把原辅料进厂关、中间产品检验关、成品出厂关等。公司坚持不懈强化生产质量安全，统一开展药品法规、实施标准等强化培训，增强管理人员及生产操作人员的质量管理意识，提高GMP、GSP管理水平。公司建立了质量授权人制度及质量责任制，明确规定了质量受权人的资格标准、职责、权限，强化质量责任的层层分解与落实考核，督促各级人员质量责任的切实履行。

②采购活动的控制。公司合理地规划和设立采购与付款业务的机构和岗位，制定了《生产物料采购招标管理办法》《采购管理制度》《建设项目管理制度》《招标管理办法》《广告招标管理办法》等制度，对外购物资、服

务、固定资产的请购、审批、采购和验收程序进行了明确规定。公司通过原材料采购招标，确保关键原料采购的稳定性；通过实施经济库存管理，在确保销售需求的同时，保持库存量最低。

③销售与收款活动控制。公司制定了《合同管理制度》《合同监督检查管理规定》《销售退货管理办法》《销售业务经营违纪违规违法行为的处理规定》《市场监控管理办法》《违规违纪违法处理办法》《在途货款管理规定》和《安全交易奖励金管理办法》等系列制度，对定价原则、结算方式以及涉及销售业务的机构和人员的职责权限等进行了明确规定。公司还通过销售中心经理信用评级系统，由公司相关部门对销售人员定期进行信用评级并建立个人信用档案，根据评级结果对销售人员的管理审批权限、费用开支权限、发货权限进行动态调整，有效控制费用支出和账款回收。公司每月跟踪在途资金情况，及时向办事处、销售中心预警，严格执行超期在途扣款规定，督促清收在途货款。

④关联交易的控制。公司根据《上海证券交易所股票上市规则》《公司章程》《股东大会议事规则》《董事会议事规则》《关联交易决策制度》等有关制度，对关联交易的决策权力和程序作了明确的规定。公司明确划分股东大会和董事会对关联交易的审批权限。股东大会审议关联交易事项时，关联股东不应当参与投票表决，其所代表的有表决权的股份数不计入有效表决总数；股东大会决议的公告应当充分披露非关联股东的表决情况。

⑤对控股子公司的管理控制。公司设有专门机构(资产营运中心)负责下属子公司的产权管理，有效行使股东权力，采取定期或不定期巡查制度，严格履行产权代表人职责。公司制定了《子公司管理办法》，加强对控股子公司的控制和管理。根据公司的战略规划和风险管理要求，各子公司制订相关业务经营计划，严格履行重大事项内部报告制度和绩效考核与激励约束制度的审议程度。

⑥对外担保的控制。按照《关于规范上市公司对外担保行为的通知》《上海证券交易所股票上市规则》等相关规定，公司制定了《对外担保管理办法》，明确规定担保的程序、风险管理、信息披露等环节的控制要求，严格限定董事会审批程序和金额要求，原则上规定仅对控股子公司提供

担保。

⑦重大投资的控制。公司对重大投资在程序上作了严格规定，公司明确了对外投资决策和管理的程序。公司资产营运部门及财务部门负责组织投资项目立项前的论证工作，加强风险评估；重视重大投资项目的过程管理，重大投资项目需提交公司投资委员会审议，视具体投资额度大小，规模较大的投资项目还需同时提交董事会审议。董事会根据《公司章程》的授权范围对项目实施决策，超过公司章程授权范围的投资项目报股东大会决策。

⑧信息披露的控制。公司根据《公司法》《证券法》《上市公司信息披露管理办法》《上海证券交易所股票上市规则》等有关规章制定了《信息披露事务管理制度》《重大信息内部报告制度》等制度，规范公司信息披露工作。公司对信息披露的内容、程序、权限，董事、监事、高管买卖本公司股票，财务管理、会计核算、内部控制与监管，重大信息内部报告、对内对外宣传、保密工作，信息披露工作检查与监督等均制定了明确规范。

(4)信息与沟通。公司建立了信息与沟通机制，明确内部控制相关信息的收集、处理与传递程序，确保信息及时沟通，促进内部控制有效运行。在内部信息沟通方面，公司通过持续完善信息平台建设为公司各级管理者提供所需信息，使公司各层级、各单位、各岗位的员工都能方便查阅和获得与其工作相关的文件和制度，获取相关工作信息，并及时处理和解决相关问题。公司始终坚持职工代表大会制度，通过工会系统及时收集员工信息，并积极拓宽各类信息沟通渠道，包括员工信箱、公司网站等，感受员工心声，接纳员工建议，开设领导信箱，加强员工民主管理企业的力度和进程，营造民主和谐的团队氛围。在外部信息沟通方面，公司通过多种形式，加强与监管部门、交易所、股东的沟通和联系。公司按照监管要求，严格遵循真实、准确、完整、及时、公平的原则履行信息披露义务。公司在董事会秘书处设投资者热线由专人解答投资者所提的相关问题，在官方网站设置投资者关系频道及投资者关系论坛，全面介绍公司的基本情况和新闻动态，强化与投资者的即时交流，从内容和形式上丰富了对外宣传窗口，收到较好效果。

(5)内部监督。公司董事会下设审计委员会，通过对公司内部控制制度的执行情况进行监督和检查，切实保障公司规章制度的贯彻执行。董事会下设的薪酬与考核委员会组织对高管、子公司、各部门等的履职情况进行考核。公司独立董事根据法律、法规赋予的职责，积极参加董事会和股东大会，深入了解公司发展及经营状况，充分发挥其专业才能，对公司的生产经营和依法运作进行监督，对公司重大事项发表独立意见。公司监事会设有 3 名监事，负责对公司运营、董事及其他高管人员的履职情况、财务工作等进行监督检查，并对公司经营状况发表独立意见。

2.4 信息披露

信息披露是上市公司公信力建设的基本要求。信息披露就是按照相关法律法规的要求，真实、准确、完整、及时、公平地披露公司发展相关信息，让投资者能够全面、准确、及时地了解公司的经营发展状况。

2.4.1 信息披露类别

信息披露的内容大体分为三类：证券发行文件、定期报告、临时报告。证券发行文件包括招股说明书、募集说明书和上市公告书；定期报告主要包括年度报告、中期报告、季度报告；临时报告是指上市公司按照有关规定发布的除定期报告以外的公告。

1. 招股说明书

申请在中华人民共和国境内首次公开发行股票并上市的公司(以下简称发行人)应按照规定编制招股说明书及其摘要，作为向中国证券监督管理委员会(以下简称中国证监会)申请首次公开发行股票的必备法律文件，并按规定披露。马应龙 2004 年申请在上海证券交易所发行上市，并于 2004 年 4 月 20 日披露了《马应龙招股说明书》。

示例 2-1：

武汉马应龙药业集团股份有限公司
首次公开发行股票招股说明书

	面值	发行价	发行费用	募集资金
每股（元）	1.00	16.11	0.740	15.370
合计（万元）	1,800	28,998.00	1,331.433	27,666.567

发行股票类型：　人民币普通股
发 行 数 量 ：　18,000,000 股
发 行 方 式 ：　全部向二级市场投资者定价配售发行
发 行 日 期 ：　2004 年 4 月 23 日
拟 上 市 地 ：　上海证券交易所
主 承 销 机 构：　长江证券有限责任公司
上 市 推 荐 人：　长江证券有限责任公司

招股说明书签署日期：2004 年 3 月 11 日

董 事 会 声 明

发行人董事会已批准本招股说明书及其摘要，全体董事承诺其中不存在虚假记载、误导性陈述或重大遗漏，并对其真实性、准确性、完整性承担个别和连带的法律责任。

公司负责人和主管会计工作的负责人、会计机构负责人保证招股说明书及其摘要中财务会计报告真实、完整。

中国证监会、其他政府机关对本次发行所做的任何决定或意见，均不表明其对本发行人股票的价值或投资者收益的实质性判断或保证。任何与之相反的声明均属虚假不实陈述。

2. 上市公告书

上市公司按照证券法规和证券交易所业务规则的要求，于其证券上市前，就其公司自身情况及证券上市的有关事宜，通过证券上市管理机构指定的报刊向社会公众公布宣传和说明材料。马应龙在招股说明书披露后，

于 2004 年 5 月 12 日披露了《马应龙上市公告书》。

示例 2-2：

武汉马应龙药业集团股份有限公司
首次公开发行股票上市公告书

主承销商、上市推荐人：长江证券有限责任公司

释 义

如非特别说明，在本上市公告书中下列词汇具有如下特定含义：

中国证监会：指 中国证券监督管理委员会

上证所：指 上海证券交易所

深交所：指 深圳证券交易所

本公司、发行人：指 武汉马应龙药业集团股份有限公司

上市推荐人、主承销商：指 长江证券有限责任公司

《证券法》：指 《中华人民共和国证券法》

《公司法》：指 《中华人民共和国公司法》

公司章程：指 《武汉马应龙药业集团股份有限公司章程》（草案）

第一节 重要声明与提示

本公司董事会保证上市公告书的真实性、准确性、完整性，全体董事承诺上市公告书不存在虚假记载、误导性陈述或重大遗漏，并承担个别和连带的法律责任。

根据《公司法》、《证券法》等有关法律、法规的规定，本公司董事、高级管理人员已依法履行诚信和勤勉尽责的义务和责任。

上海证券交易所、中国证监会、其他政府机关对本公司股票上市及有关事项的意见，均不表明对本公司的任何保证。

3. 募集说明书

公司为了筹集资金，依据《公司法》《证券法》《公司债券发行试点办法》等有关法律法规的规定以及中国证监会对债券的核准，结合发行人实

际情况编制的债券募集说明书。马应龙自2004年上市以来暂未通过发行债券募集资金。

4. 定期报告

马应龙根据证监会及上海证券交易所等有关要求，年度报告在每个会计年度结束之日起4个月内，中期报告在每个会计年度的上半年结束之日起2个月内，季度报告在每个会计年度第3个月、第9个月结束后的1个月内编制完成并披露。

示例2-3：

证券代码	证券简称	公告标题	公告时间
600993	马应龙	马应龙2020年年度报告摘要	2021-03-26
600993	马应龙	马应龙2020年年度报告	2021-03-26
600993	马应龙	马应龙2020年第三季度报告正文	2020-10-24
600993	马应龙	马应龙2020年第三季度报告	2020-10-24
600993	马应龙	马应龙2020年半年度报告摘要	2020-08-22
600993	马应龙	马应龙2020年半年度报告	2020-08-22
600993	马应龙	马应龙2019年年度报告摘要	2020-04-25
600993	马应龙	马应龙2020年第一季度报告正文	2020-04-25
600993	马应龙	马应龙2019年年度报告	2020-04-25
600993	马应龙	马应龙2020年第一季度报告	2020-04-25

5. 临时报告

根据有关法律法规及规则规定，发生可能对上市公司证券及其衍生品种交易价格产生较大影响的重大事件，投资者尚未得知时，上市公司应当立即披露，说明事件的起因、目前的状态和可能产生的影响。马应龙严格遵守有关法律法规规定，针对应当披露的信息及时发布临时公告。

示例 2-4：

证券代码：600993　　证券简称：马应龙　　公告编号：临 2021-001

马应龙药业集团股份有限公司
关于健康产业基金变动情况的公告

本公司董事会及董事会全体成员保证公告内容不存在任何虚假记载、误导性陈述或者重大遗漏，并对其内容的真实、准确和完整承担个别及连带责任。

一、概述

2015 年 5 月 14 日，马应龙药业集团股份有限公司（以下简称“公司”，“本公司”）发布《关于发起设立健康产业基金的公告》，公司及公司控股子公司湖北高投鑫龙投资管理有限公司与湖北省高新技术产业投资有限公司共同发起设立湖北高龙健康产业投资基金合伙企业（有限合伙）（以下简称“高龙基金”或“基金”），基金规模 5 亿元人民币。高龙基金于 2015 年 12 月完成工商设立登记，基金的存续期为五年，其中前三年为投资期，后两年为回收期。具体情况详见公司分别于 2015 年 5 月 14 日、2015 年 5 月 20 日和 2016 年 7 月 4 日披露的《关于发起设立健康产业基金的公告》（公告编号：临 2015-008）、《关于发起设立健康产业基金的补充公告》（公告编号：临 2015-009）和《关于发起设立健康产业基金的进展公告》（公告编号：临 2016-021）。

截至本次变更前，基金合伙人及认缴出资情况如下：

合伙人名称	类别	出资方式	认缴出资额（万元）	认缴比例（%）	实缴出资额（万元）
湖北高投鑫龙投资管理有限公司	普通合伙人	现金	500	1	500
马应龙药业集团股份有限公司	劣后级有限合伙人	现金	7,500	15	3,750
湖北省高新产业投资集团有限公司	劣后级有限合伙人	现金	4,500	9	3,150
武汉阳逻临港产业投资基金有限公司	中间级有限合伙人	现金	5,000	10	2,500
国信证券股份有限公司	优先级有限合伙人	现金	32,500	65	0
合计			50,000	100	9,900

2.4.2 信息披露内容与流程

1. 信息披露内容

对于马应龙而言，信息披露的内容主要有两大类：一类是定期报告中需披露的内容，一类是临时公告需披露的内容。具体如表2-2所示。

表2-2　　信息披露主要内容

	定期报告(年度+半年度+季度)	临时公告
所涉信息	公司基本情况、主要会计数据和财务指标、业务概要、经营情况分析与讨论、重要事项、股份及股东持股情况、董监高相关信息(任职、持股、年薪)、财务会计报告和审计报告等	一般交易、关联交易、行业重要经营类信息、非交易类重要事项等
特点	• 报送时间固定，一般由公司董事会秘书处提前与相关部门沟通填报 • 报送内容较为固定	• 发生时间不固定 • 不同事项需要报送不同内容

(1)与定期报告相关的主要内容。

①财务会计信息披露。

- 对公司影响重大的关键事项会计处理。如收入的确认与计量、股权投资和金融资产分类与确认、合并财务报表范围、资产处置损益及非经营性损益认定等。
- 会计政策、会计估计变更或重大会计差错更正。除在定期报告中需进行说明外，还要求披露相应的临时公告。
- 资产减值。
- 资金占用。上市公司存在大股东及其附属企业非经营性占用其资金的，需要在年度报告全文的“重要事项”部分的“关联债权债务往来”中，披露非经营性资金占用的发生时间、占用金额、发生原因、偿还金额、期末余额、预计偿还方式、清偿时间、责任人和董事会拟定的解决措施。

②非财务重大事项的披露。

- 前10名股东及流通股股东持股情况、股份质押冻结情况等。

- 承诺事项。披露承诺期内有关各方重大资产重组承诺的履行情况；披露实际控制人、股东、关联方、收购人以及公司等承诺相关方做出的相关承诺事项。
- 公司治理信息、经营情况讨论、分行业信息、并购重组进展、公司债券情况、重大诉讼、仲裁事项、重大关联交易、重大担保等。
- 扶贫工作、环境信息等。

(2)与临时报告相关的主要内容。上市公司披露的除定期报告之外的其他公告为临时报告，临时报告的主要内容包括一般交易、关联交易、行业重要经营类信息、非交易类重要事项。

一般交易类：购买或出售资产；对外投资(含委托理财、委托贷款等)；提供财务资助；提供担保；租入或者租出资产；委托或者受托管理资产和业务；赠与或受赠资产；债权、债务重组；签订许可使用协议；转让或者受让研究与开发项目；上海证券交易所认定的其他交易。(注：上述一般交易类事项所涉金额达到一定标准后需对外披露)

案例 2-1：

2020 年马应龙收购江西禾氏美康药业有限公司，分两步进行：首先出资 730.6 万港币，获得禾氏美康 73.06%的股权；其次，收购完成后实施增资，增资款项 2866.098 万元，增资后股权比例 85%。截至 2020 年 5 月 31 日，禾氏美康总资产为 3026.50 万元，负债为 3206.86 万元，净资产−180.37 万元，2019 年营业收入为 1803.5 万元，净利润 31.05 万元。马应龙最近一期(即 2019 年 12 月 31 日)经审计的总资产 32.85 亿，净资产 26.35 亿，2019 年度营业收入 27.05 亿，净利润 3.5 亿。通过将投资标的所涉金额与马应龙需披露的标准进行比较，发现并未达到披露标准，故公司未发布有关此项交易的临时公告。

	马应龙	披露标准（10%）	投资标的
总资产	32.85亿	3.285亿	禾氏美康资产总额3026万元
净资产	26.35亿	2.635亿	此笔交易的成交金额3500元人民币
营业收入	27.05亿	2.705亿	禾氏美康2019年收入1803.5万元
净利润	3.53亿	0.53亿	禾氏美康2019年净利润-180.37万(绝对值)

关联交易类：上市公司或者其控股子公司与上市公司关联人之间发生的转移资源或义务的事项，包括：上述一般交易类事项以及购买原材料、燃料、动力；销售产品、商品；提供或者接受劳务；委托或者受托销售；在关联人财务公司存贷款；与关联人共同投资；其他通过约定可能引致资源或义务转移的事项。（注：上述关联交易金额达到一定标准后需对外披露）

案例2-2：

2014年马应龙与关联法人（控股股东中国宝安集团股份有限公司）共同投资设立宝利通小额贷款有限公司，该公司注册资本人民币30000万元，其中马应龙出资8700万元，股权占比29%，该出资额在3000万元以上，且占马应龙最近一期（即2013年12月31日）经审计净资产的5%以上，该项交易不仅需要披露，原则上还需提供审计或评估报告，并提交股东大会审议。但因本次交易全部以现金出资，所以可以使用豁免条款，公司向上交所提出申请，上交所同意后便不用提交股东大会审议，董事会审议通过对外披露即可。

行业重要经营类信息：医药行业相关政策法规或其他行业影响因素发生重大变化，或发生其他行业性重大事件，可能对公司具有直接或间接重大影响的相关信息；与研发相关的信息，如临床试验申报受理，收到临床试验批件或开展临床试验，临床试验取得重大进展或变化，完成临床试验并取得总结报告；主要药（产）品（未）通过一致性评价等；与生产相关的信息，如收到新药证书批件、药品生产许可批件、主要药品生产许可批件不再注册或被注销、提出撤回药品注册申请等；与销售相关的信息，如公司主要药品新进入或退出《国家基本药物目录》、国家级和省级《基本医疗保险、工商保险和生育保险药品目录》；重大事故类信息，如重大环保事故，因重大质量安全或不合格等被停产、召回等；上交所认定的其他事项。

非交易类重要事项：业绩预告或业绩快报；诉讼或仲裁；出现重大风险情形，包括财务类风险、经营类风险；公司基本信息发生变化，包括公司名称、股票简称、公司章程、注册资本、注册地址、办公地址、联系电话、经营范围、会计政策(估计)、会计师事务所、董监高变动等；变更募集资金投资项目，利润分配和资本公积转增股本，股票交易异常波动和传闻澄清，回购股份，吸收合并，发行可转债，权益变动和收购，股权激励，破产；可能对经营成果产生重大影响的其他事项，如获大额政府补贴等额外收益；其他认定情形。

案例 2-3：

马应龙 2019 年年末预计 2019 年度实现的归属于上市公司股东的净利润将同比增加超过 50%，便在 2020 年 1 月 31 日前披露了《马应龙 2019 年年度业绩预增预告》(公告编号：临 2020-001)。

2. 信息披露流程

公司的信息披露组织架构建设实现信息披露系统的规范运作。具体如图 2-6 所示。

信息披露运作的一般架构如图 2-6 所示。但涉及具体类别的信息披露可能在实际操作中略有不同。

公司信息披露的主体为董事会和监事会，是公司最高决策机构。一切信息披露事务都需要经过董事会或监事会知悉并认可。

董事会秘书处是公司信息披露的常设机构，是公司信息披露事务管理

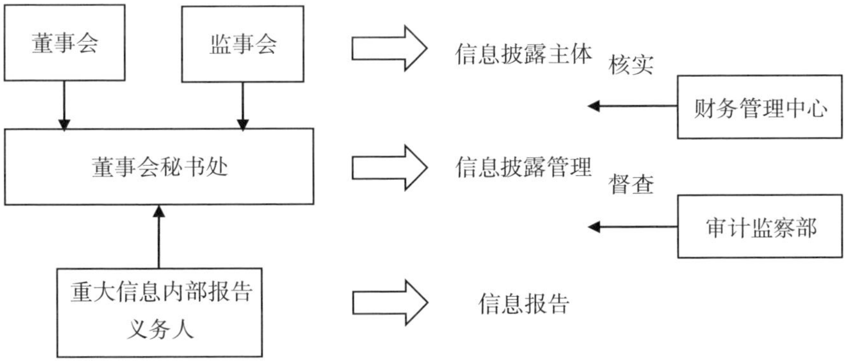

图 2-6 信息披露系统组织架构图

部门。负责协调实施信息披露事务管理制度，负责组织和协调公司信息披露事务，汇集公司应予披露的信息并报告董事会，持续关注媒体对公司的报道并主动求证报道的真实情况。董事会秘书统筹负责董事会秘书处工作。

重大信息内部报告义务人包括公司控股股东、持有公司5%以上股份的股东、公司董事、监事、高级管理人员、各部门负责人、公司子公司董事、监事和高级管理人员以及公司各部门中重大事件的知情人等，需就公司重大事项的进展情况，及时向董事会秘书处进行报告，为此公司出台了《重大信息内部报告制度》，以保证能够及时、准确、完整地获取信息并履行信息披露义务，协调投资者关系。报告义务人在获悉涉及上述信息披露内容等公司内部重大信息后应第一时间内向董事会秘书处报告，报告形式包括但不限于书面形式、电话形式、电子邮件形式、口头形式、会议形式等。董事会秘书处在收到重大信息报告后，将及时进行分析和判断，并向公司董事会报告。对涉及信息披露义务的事项，董事会秘书处将及时提出信息披露预案；对要求履行会议审议程序的事项，按公司章程规定及时向全体董事、监事、股东发出临时会议通知。发生应报告的内部重大信息未能及时上报或未上报的，公司将追究报告第一责任人的责任，已造成不良影响的，由第一责任人承担相应的责任。

财务管理中心是信息披露的核实机构，负责对信息披露相关财务数据进行核实；审计监察部是内部审计机构，负责对公司内部控制及信息披露执行情况进行监督和核查。

2.4.3 信息披露机制

健全的机制建设是信息披露系统有效运行的保障。

1. 以《信息披露事务管理制度》统筹信息披露全局工作

公司出台《信息披露事务管理制度》，就公司信息披露工作作出了全面规范。该制度中，明确了信息披露范围，对定期报告的编制时间、内容、编制程序等作了详细规范，并就临时公告的内容作了确定。

2. 出台系列辅助制度，保障公司信息披露工作规范、顺畅运行

发布《重大信息报告制度》，规范了重大信息报告的范围、程序和管理。该制度规定控股股东、持股5%以上的股东、公司董事、监事、高管，各部门负责人、各子公司负责人等重大信息内部知情人，都有义务和责任在知悉重大事件的第一时间内向董事会秘书处报告有关情况。董事会秘书处收到重大信息报告后，应及时进行分析和判断，并向公司董事会进行报告，对涉及信息披露义务的事项，及时提出信息披露预案；对要求履行会议审议程序的事项，应按公司章程规定及时向全体董事、监事或股东发出临时会议通知。对投资者关注且非强制性信息披露的重大信息，公司董事会秘书处应根据实际情况，按照公司投资者关系管理制度的要求，组织公司有关方面及时与投资者进行沟通、交流或进行必要的澄清。

完善信息披露其他辅助制度，包括《内幕信息知情人登记制度》《外部信息报送和使用管理制度》《年报信息披露重大差错责任追求制度》《年报报告制度》等，具体明确公司信息披露的管理流程，确保信息披露的真实、准确、完整、及时、公平、简明清晰、通俗易懂。

2.5 投资者关系管理

投资者关系管理是通过投资者的信息调研、信息沟通与关系管理从而

建立企业与投资者的良性互动关系，形成稳定和优质的投资者基础，获得长期的市场支持。投资者关系管理是企业价值实现的重要环节。

2.5.1 投资者关系管理目标、内容与原则

1. 投资者关系管理目标

投资者关系管理是公司持续的战略管理行为，马应龙投资者关系管理的目标包括：一是促进公司与投资者之间的良性关系，增进投资者对公司的进一步了解和熟悉；二是建立稳定和优质的投资者基础，获得长期的市场支持；三是形成服务投资者、尊重投资者的企业文化；四是促进公司整体利益最大化和股东财富增长并举的投资理念；五是增加公司信息披露透明度，改善公司治理。

2. 投资者关系管理内容

投资者关系管理强调运用传播和营销的原理，通过管理公司同财经媒体、投资者及其他各界进行信息沟通的内容和渠道，以实现相关利益者价值最大化并如期获得投资者的广泛认同，规范资本市场运作、实现外部对公司经营约束的激励机制、实现股东价值最大化和保护投资者利益，以及缓解监管机构压力等。

3. 投资者关系管理原则

马应龙在开展投资者关系管理时，一般遵循以下原则：一是充分披露信息原则，除强制的信息披露外，可主动披露投资者关心的其他相关信息；二是合规披露信息原则，要求遵守国家法律法规及证券监管部门、证券交易所的相关规定，保证信息披露的真实、准确、完整、及时；三是投资者机会均等原则，要求公平对待所有股东及潜在投资者，避免进行选择性信息披露；四是诚实守信原则，公司投资者关系管理应客观、真实和准确，避免过度宣传和误导；五是高效低耗原则，选择投资者关系工作方式时，要充分考虑提高沟通效率，降低沟通成本；六是互动沟通原则，公司

应主动听取投资者的意见、建议，实现与投资者之间的双向沟通，形成良性互动。

2.5.2 投资者关系管理体制

有效的投资者关系管理组织体系是持续、及时、准确地向资本市场传递公司经营管理信息的组织保障，是公司进一步了解投资者需求的重要途径。公司在组织建设上保证投资者关系管理相关部门有足够的职权和能力。

1. 投资者关系管理组织建设的核心因素

从支持、强化、优化投资者关系管理工作的角度出发，公司投资者关系管理的组织建设考量以下四大因素。

(1)高管和决策层的支持与配合——信息主动权。这是投资者关系管理最关键的资源，确保投资者关系人员和管理层一样位于公司各种信息金字塔的顶端。

(2)投资者关系管理部门和决策层的顺畅沟通——汇报链条。形成投资者关系部门与公司管理决策层之间的快速反应，确保投资者关系人员能够距离决策层足够近，以便投资者关系负责人员承担起迅速理解经营者的理念和意图，并能够顺畅地传达给投资者和分析师及市场相关者，同时将投资者的意见反馈给公司经营层。

(3)全公司的支持与配合——协调能力。较高的部门级别设置有利于强化投资者关系工作的协调与配合能力。

(4)投资者关系管理部门受重视的程度——独立性。明确投资者关系工作的负责部门，并促进该部门能够有机、积极地进行投资者关系活动。

2. 投资者关系的部门设置

公司投资者关系工作由董事会秘书处负责，直接隶属于董事会。投资者关系工作受董事会全面领导，对董事会负责。董事会秘书处统筹投资者关系工作，负责直接面对投资者，与投资者沟通。各部室、营运机构有责任配合董事会秘书处开展投资者关系工作，并根据需要，提供相应协作和信息。

2.5.3 投资者关系管理机制

1. 完善投资者关系管理的制度建设

完善规范的制度体系、完备有效的组织建设是公司投资者关系管理的整体框架搭建和平台设计的基础，为投资者关系管理的高效有序开展和实施提供有力保障。

规范化的制度建设是投资者关系管理的基础。公司的投资者关系管理已形成以投资者关系工作制度为核心的投资者关系管理机制。投资者关系管理制度是投资者关系管理工作的基本规范和根本制度。该制度包括总则，投资者关系管理的组织与协调机制、信息的采集、整合与反馈，投资者交流，投资者关系管理人员的任职要求等内容，旨在确保公司与投资者之间的沟通规范化、常态化，提升公司治理水平，提高公司的投资价值，保护投资者的合法权益。

2. 实施投资者分类管理

公司对投资者实行分类管理。不同投资者有不同的偏好。特别是对于机构投资者和个人投资者来说，在投资规模、投资风格和参与管理公司程度上有显著区别。

与个人投资者相比，机构投资者有以下几方面的特点：一是有利于分散风险；二是有利于提高规模效益；三是有利于降低信息成本。正是因为这三个特点，使得机构投资者有能力也有义务来加强与被投资公司的沟通，获取更多的信息，以便作出最佳的投资判断。在公司的投资者关系管理中，我们所接触最多的也是机构投资者，这也证明了公司应当将机构投资者作为重点关注对象。

与机构投资者相对应的便是个人投资者。个人投资者具有最多样化的投资方式以及截然不同的投资能力。马应龙的个人投资者目前仍然主要以短线投资为主，平均换手率较高，持股时间相对较短，交易较为频繁。因此，针对个人投资者，公司投资者关系管理工作以“主动引导、防止危机”为主线，主动引导个人投资者预期，并且主要防止出现由于沟通不足而产生的公司信誉危机。

在投资者关系管理中，机构投资者无疑应该是最核心的维护对象。对于不同的机构投资者，我们的工作也有不同侧重。大致可以分为以下六类：基金管理公司、保险公司、全国社保基金和企业年金、QFII、证券公司和一般机构投资者。

(1)基金管理公司。基金管理公司通过发行基金单位，集中投资者的基金，从事股票、债券等金融工具的投资，为投资者提供一种利益共享、风险共担的证券投资方式。从投资者关系的角度看，基金管理公司是所有投资者类型中占比较高，并且换手较为频繁的一类机构投资者，是作为投资者关系中的重点来管理。

(2)保险公司。保险公司出于匹配其资产与负债的考虑，将其资产进行多元化投资。从实际运作看，大型保险公司都已陆续成立了资产管理公司来管理保险资产，相对较为活跃。但马应龙的主要股东中，较少看到保险公司的身影，公司的市场定位可能与保险公司的投资导向略有不符。

(3)全国社保基金和企业年金。全国社保基金和企业年金的资金来源都是社会保障基金，属于战略储备性质。投资风格和投资方式两者较为接近，属于风险厌恶型投资，更加倾向于稳健型股票，侧重长期价值投资。一般都是聘请专业投资机构来进行委托投资，因此，我们把此类投资者并入基金管理公司一起管理。

(4)QFII。合格境外机构投资者制度，是指允许合格境外机构投资者，在一定规定和限制下汇入一定数量的外汇资金，并转换为当地货币，通过严格监管的专门账户投资当地证券市场，其资本利得、股息等经批准后可转为外汇汇出的一种市场开放模式。QFII 多为国际大型资产管理公司，拥有相对较为成熟的投资理念和投资风格，因此，往往选择具有长期投资价值的公司进行投资，持股期限较长。马应龙一直与 QFII 机构保持长期联络。

（5）证券公司。证券公司以自营业务和集合型投资计划的方式参与国内股票市场。由于证券公司在投资方式和持股习惯上较为接近证券投资基金，因此，我们在投资者关系管理工作中将证券公司与证券投资基金归为一类进行管理。

3. 加强与投资者沟通

投资者关系管理中，沟通交流是重要的一环。

（1）沟通团队。投资者关系沟通团队具体可分为领导团队、执行团队、补充团队。

领导团队由公司董事长和高管层组成，出席公司重大的投资者关系交流活动，主要与投资者交流公司的战略规划、财务业绩以及整体业务发展。

执行团队负责制订投资者关系管理计划，具体组织、实施、完成各项投资者关系工作，统筹协调相关团队共同做好投资者关系工作。

补充团队主要是公司业务部门和分支机构的负责人，他们在需要时，就具体业务流程、操作细节与投资者交流，并通过参加与投资者关系管理工作，体会并向公司内部传导资本市场的压力。

（2）沟通形式。公司与投资者的沟通可以分为标准化沟通和非标准化沟通。标准化沟通指的是上市公司必须按照规定的格式披露信息。如年度财务报告、法定信息披露、招股说明书等。非标准化沟通指的是上市公司按照自己的意愿以及特定的宽泛原则披露信息，如新闻稿、分析师会议、投资者论坛、定期股东股价分析、现场参观等。马应龙官方网站中特别设置了投资者关系专栏，作为公司与投资者沟通的重要平台。非标准化沟通在投资者关系管理中发挥着越来越重要的作用。具体如图 2-7 所示。

（3）沟通内容及原则。公司的投资者关系管理强调互动沟通。一方面是正向沟通，公司向投资者提供信息；另一方面是反向沟通，即在正向沟通过程中，公司直接或者间接从投资者那里获得反馈，并能根据反馈信息完善公司治理结构和经营管理工作，从而针对性地吸引投资者的青睐，投资者关系管理就是一个双向沟通反馈的过程。具体如图 2-8 所示。

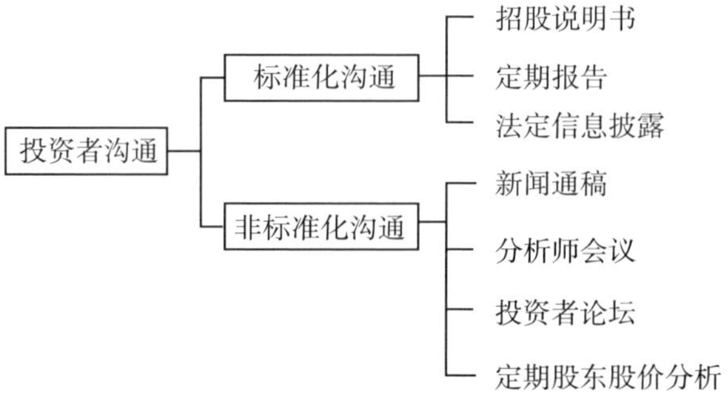

图 2-7　投资者沟通类型

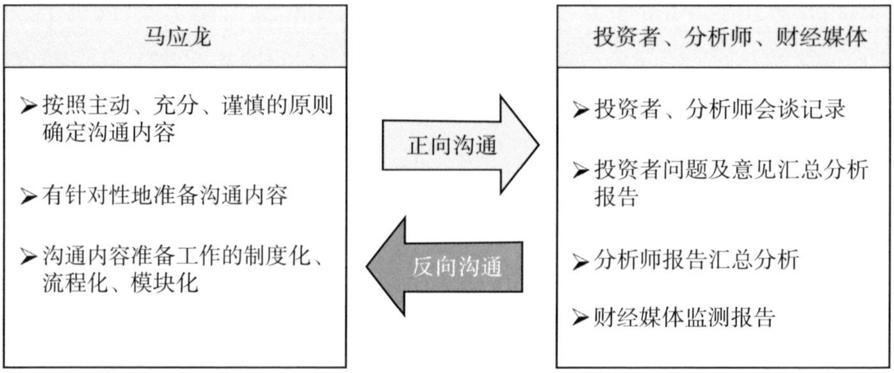

图 2-8　双向沟通内容及原则

在沟通原则上，我们主要把握以下几点。

①主动披露影响投资者决策的信息。严格规范的信息披露是公司每位股东获得平等知情权的制度保证。在投资关系管理中，公司与投资者沟通的内容一般都是与投资者决策有关的信息，而不仅仅是强制信息披露要求的信息。

②充分披露，不回避负面信息。我们认为公司有好消息和投资者交流固然很重要，但在公司出现危机时，及时与投资者沟通就越发重要，诚信的态度方可赢得投资者的长期信任。

③谨慎披露预测信息。我们的预测性信息大致包括发展规划、盈利预测和业绩预告等几种类型。这类信息属于未来信息，是基于当前市场信息而作出的判断，因此，更容易出现偏差，甚至错误，需谨慎披露。

④沟通信息准备。投资者关系沟通材料的编制一般涉及框架要点、收集数据材料、整理加工、报请审阅、补充完善等过程。第一步，投资者关系管理人员需要对报告期各类财务数据、经营情况发展趋势有初步的判断，结合宏观形势、行业环境变化，围绕公司具体情况，提炼出拟展现的亮点和需要应对的问题。第二步，由投资者关系管理部门牵头，发动全公司相关部门提供支持亮点和解释问题的支持性数据和材料。第三步，对收集上来的数据材料进行整理加工、提炼，形成数据表、问答材料、演示材料等。第四步，将材料报请董事会、高管层审阅。第五步，根据公司董事、高管的意见进行补充完善，同时核对所有数据、口径与法定信息披露材料，为各版本材料披露严格把关。具体如表 2-3 所示。

表 2-3　**投资者关系管理工作信息编制机制**

组成部门	组成人员	工作职责
总协调部门：投资者关系部门	投资者关系管理人员	• 小组自公司年报、中报、季报编制工作启动开始运行 • 小组成员按总协调部门工作进度要求，负责协调本部门，完成数据表信息填报、投资者问答材料信息资料提供的工作
主要支持部门：财务部门、核心业务部门	各支持部门联络人	• 各组成部门对提交信息资料的真实性、准确性、一致性负责 • 小组成员按照参加投资者问答材料的起草、修改、完善工作 • 投资者问答小组成员对所掌握的公司股价敏感信息、商业机密信息严格保密

2.6 社会责任

马应龙奉行“龙马精神”的企业精神，龙马精神是追求龙的精神与马的德范相呼应，追求行为与理念、务实与务虚相统一，追求天地人合一，“天”即客户，“地”即股东，“人”即员工，也就是追求客户、股东、员工以及社会、自然协调发展。“龙马精神”正是马应龙对企业社会责任的朴素表达。社会责任系统的建立在保障企业持续发展的同时，能够进一步强化公司的良好公众形象，促进公司公信力建设深入人心。

2.6.1 社会责任目标、内容与原则

1. 履行社会责任的目标

基于对社会责任的认知，马应龙在确立企业经营发展战略的同时，提出“为顾客创造健康，为股东创造效益，为员工创造机会，为社会创造财富”的经营宗旨，希望通过马应龙的经营活动，各种利益主体均获得可持续的、公平的、最大化利益，构建稳固的利益关系平台，实现利益相关方多元均衡。

2. 履行社会责任的内容

通过对社会责任现状的梳理，结合我们的社会责任管理模式，兼顾、均衡各利益相关者的期望，我们的社会责任管理工作主要集中在利益相关者的四个核心领域：我们的投资者、我们的消费者、我们的员工、我们的社会和环境。公司对利益相关方的关切及回应具体如表 2-4 所示。

表 2-4 **利益相关方关切及回应**

利益相关方	利益相关方期望	沟通和参与机制	责任承诺
股东	现实收益，良好的成长性	股东大会、新闻发布会、实地参观调研、来访来函、电话、论坛等	不断完善优化公司治理，确保信息披露透明度，保持利润增长
客户	稳定优质的产品和服务，便利的渠道	客户满意度调查、定期拜访、了解客户反馈、客户会议等	提供稳定、优质的产品和服务，完善客服销售系统，提高便捷度

续表

利益相关方	利益相关方期望	沟通和参与机制	责任承诺
员工	优厚的薪资福利、职业发展成长机会、职业健康与安全保障	职工代表大会、工会活动、员工意见征集、总经理信箱等	创造安全、平等的就业环境，提供良好的待遇及培训机会，与员工共成长
社会	诚信纳税、劳动就业、供应链成长、自主创新、热心公益、节能减排、与自然和谐发展	新闻发布、管理培训、学术研讨、与公益组织定期沟通、环境达标情况公示、接待来访、来函等	合法经营，追求阳光利润；积极参与与战略相关的社会公益事业，利用自身优势为社会贡献价值，推进产业和社会和谐发展

3. 履行社会责任的原则

马应龙在“四个创造”经营宗旨的指导下，明确提出了践行社会责任的指导原则。

(1)不仅仅局限于短期收益，而是采取更为长远的眼光，致力于与消费者、合作伙伴建立更为持久、共赢的关系，从而保持商业活力，不断巩固和提升行业地位。

(2)最大限度地培养和发挥员工的价值，不断提高他们的忠诚度、自豪感、工作满意度、知识和能力。

(3)真诚友好地开展业务，积极寻求办法减少经营活动对环境的影响，用良好的业绩，稳定的经营回馈社会。

(4)秉承回馈社会的宗旨，积极参与各项对社会有裨益的公益活动，展现良好的企业公民形象。

2.6.2 社会责任践行

作为一家负责任的社会公众公司，马应龙在自身发展过程中，主动关注社会整体利益，相继推出了有利于社会进步与发展的实际举措，为实现基业长青不断赢得发展空间。马应龙以具有自身特色的企业文化为理脉，以促进社会和谐发展为己任，发扬“龙马精神”的企业精神，追求客户、股东、员工以及社会、自然协调发展，着力抓好生产经营建设，在经营活动中讲信誉、讲法制、讲道德、恪守承诺，认真履行对股东、客户、员工以及社会等利益相关方应尽的责任和义务，在促进经济效益稳步提高的同时，积极奉献爱心，努力为社会公益事业作贡献，以良好的社会公民形象，赢得了社会各界和政府部门的好评。

1. 成立并发展马应龙慈善基金

马应龙投身社会公益事业受到社会各界的好评，主要得益于体制机制的创新。为了保障马应龙参与社会公益事业的连贯性、稳定性、操作性，2007 年公司正式设立马应龙慈善基金，构建独立运行、广泛筹资、专户管理、集中使用的社会公益事业平台，目前已运行十多年。马应龙慈善基金的成立，一是形成公司上下广泛参与、慈善基金独立运作的组织体制，慈善活动与经营活动相对分离，确保慈善基金运行的高效性；二是建立经济化筹资机制保障资金来源，除马应龙慈善基金首批启动资金 500 万元外，逐步形成多元化基金筹资渠道，包括公司行政性划拨、公司获得政府奖励的划转、内部员工捐赠、义卖产品所得、社会第三方资助等，有效整合各方分散而有限的资源；三是建立基金账户专户管理机制，实行专项使用和专项评估，保障慈善资金及物品的安全和高效使用；四是建立运行联动机制，内部专人归口负责，外部与社会性慈善机构建立联动协作关系，合理确定慈善活动项目及主题，保障有限资源集中高效地使用到急切的社会公益领域。马应龙慈善基金理事会运作程序如图 2-9 所示。

案例 2-4：

马应龙慈善基金运行以来，一直秉承“以真修心、以勤修为”的哲学观，追求企业与社会的和谐发展，在企业自身经济不断发展壮大的同时，不忘回报社会，积极投身公益事业，承担起与企业能力相对应的社会责任。马应龙慈善基金始终坚持“弘扬人道主义精神、

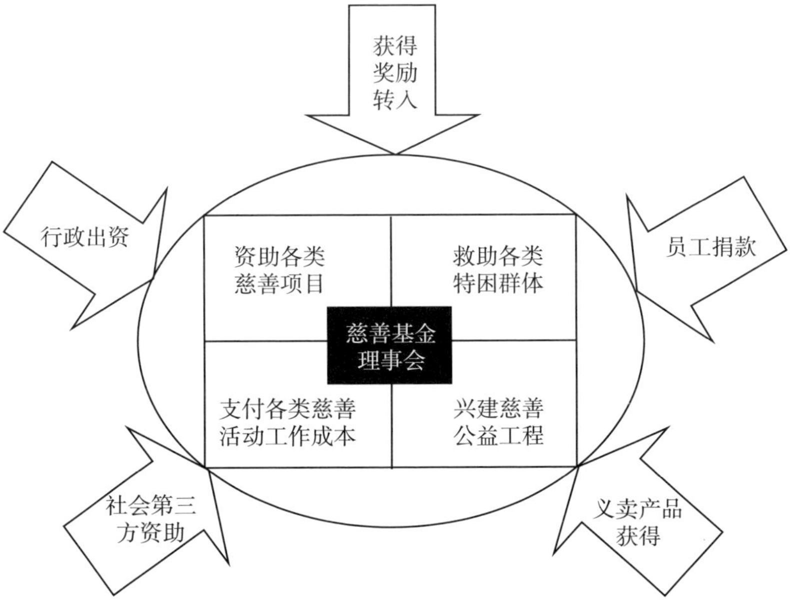

图 2-9 慈善基金的运作

帮扶救助弱势群体、履行企业公民责任、推动社会和谐发展”的宗旨，遵循马应龙慈善基金理事会理事长、马应龙药业董事长倡导的“不求锦上添花、但求雪中送炭”的原则，不断探寻企业发展与慈善事业之间的结合点，重点在扶贫济困、捐资助学、公益助医等方面实施精准救助，向湖北省内贫困乡镇、受灾县市、困难员工、高校学子、国内省内灾区同胞捐赠药品和现金，为出租车司机、环卫工人、教师等低收入群体提供肛肠疾病免费手术，价值累计超过 6500 万元。

捐药扶贫，情暖困难群众

自慈善基金成立以来，公司持续通过湖北省红十字会向省内 80 多个县市以及国内地震灾区无偿捐赠药品，总价值约 4800 万元。这些药品被分配到各地卫生院、村卫生所和地震灾区，无偿供病患使用，以支持当地卫生事业的发展和新农合建设，力所能及地减少受助地区群众因病致贫现象。

灾难无情，马应龙有爱

针对困难员工，马应龙通过公司党群系统、走访慰问等多种渠道，深入基层一线和员工家庭，倾听他们的心声，了解他们的生活情况，帮助他们解决生活中的实际困难。每年春节与中秋前，马应龙慈善基金会在摸底调查、分工会推荐和员工申报的基础上，集中性地对患有重大疾病和因各种原因造成家庭困难的在职员工进行慰问，根据员工家庭困难程度和员工对公司的贡献程度，给予不同额度的现金资助。十余年来，马应龙慈善基金共资助在职困难员工1363人次，总金额达400余万元。

深情助力，学习梦圆

才兴，则中国强，马应龙一向十分关注和支持教育发展事业。十多年来，马应龙助学金共资助贫困学子约400人次，资助总额达200余万元，支持他们圆满完成学业，成就他们追求科学知识、追求人生价值的理想。

仁心仁术，关爱病患健康

作为肛肠健康方案提供商，马应龙比其他企业都更加关注社会大众的肛肠健康。十多年来，马应龙至少投入345万元，为数百名肛肠疾病患者提供无偿且优质的诊疗服务，不仅给特殊困难群体提供了力所能及的帮助，也引起了社会大众对肛肠健康更多的重视，普及了卫生知识，弘扬了人道精神。

2. 发布社会责任报告

企业社会责任报告是企业将其履行社会责任的理念、战略、方式方法，其经营活动对经济、环境、社会等领域造成的直接和间接影响、取得的成绩及不足等信息进行系统的梳理和总结，并向利益相关方进行披露的方式。企业社会责任报告是企业非财务信息披露的重要载体，是企业与利益相关方沟通的重要桥梁。马应龙作为一家公众公司，2004年在上海证券交易所上市，已经连续13年对外披露年度社会责任报告。2020年社会责任报告完整版详见附录。

示例 2-5：

2020 年度社会责任报告摘要版

一、公司简介

二、企业文化

三、企业荣誉

四、客户篇

- 为顾客创造健康
- 品质升级
- 营销策划

五、股东篇

- 为股东创造财富
- 推进规范经营
- 严格履行信息披露义务
- 合理回报股东

六、员工篇

- 为员工创造机会
- 良好的工作环境与生活保障
- 和谐劳动用工关系
- 实现自我价值的事业平台

七、社会篇

- 为社会创造效益
- 环境保护与节能减排
- 热心社会公益
- 抗击新冠肺炎疫情

2.7 公信力评价系统

在评价公信力建设程度和深度方面，我们主要从公司治理水平、信息披露质量、投资者关系管理质量、社会责任效果四个维度展开，即公司治理评价、信息披露评价、投资者关系评价、社会责任评价。具体如表 2-5 所示。

表 2-5 **公信力系统的评估模式**

评估项目	指标说明
一、公司治理	
法人治理结构	评估法人治理结构是否完备，适应公司发展需要
组织架构	评估公司组织架构是否与公司经营相匹配
内部审计	评估公司内部审计监察是否及时、有效、独立
其他业务流程	评估公司各项业务流程制度建设工作是否完备
重点业务环节监控	评估公司重要业务环节监控是否到位，能否有效规避风险
信息与沟通	评估公司内外部信息沟通和传达是否到位
二、信息披露	
信息披露质量	衡量公司信息披露的有效性和合规性
三、投资者关系管理	
(一)结果指标	
股东忠诚度	前十大股东的增持率；前十大股东变化率
分析报告数量	衡量跟踪上市公司的分析师数量状况
(二)质量指标	
沟通渠道易达性	衡量公司是否为投资者接触公司提供便利条件，如电话、传真、邮件、论坛等
响应速度	衡量公司对投资者提问的关注和资料的更新速度
互动性	衡量是否及时将投资者互动信息传达给公司高层，及传达信息的有效性
(三)管理指标	
高层参与度	衡量管理层对投资者关系的重视程度

续表

评估项目	指 标 说 明
投资者关系组织设置	衡量投资者关系组织架构和人员设置的完备性
四、社会责任体系	
(一)量化指标	
每股社会贡献值	衡量公司为社会创造的每股增值额
(二)管理指标	
社会责任运作架构	衡量公司社会责任体系是否形成常态化机制
社会责任第三方评估	根据第三方评估结果，衡量公司社会责任的运作水平

1. 指标说明

公信力系统的评价包括四个方面，分别为公司治理水平、信息披露质量、投资者关系管理和社会责任体系。

公司治理水平的评价包括法人治理结构、组织架构、内部审计等指标，均属于评估指标范畴。实质上是结合公司发展要求，评估现有的公司治理结构及机制是否完备，是否能够有效降低由于所有权与经营权分离所带来的委托代理问题。

信息披露质量主要是由第三方进行评价，用以衡量公司信息披露工作的有效性和合规性。

投资者关系管理的评价包括三类指标：结果指标、质量指标和管理指标。根据投资者关系管理的过程，结果指标体现在股东忠诚度和分析报告数量中，当然这两个指标也不见得是越大越好，我们会更倾向于该数据稳定在一定范围内。质量指标考量投资者关系管理的效率，包括沟通渠道易达性、响应速度、互动性等，致力于为投资者提供良好的沟通平台，达成良好的沟通成效。管理指标则是考察投资者关系管理中组织架构体系以及高层对投资者关系的重视程度，是辅助性指标。

社会责任体系评价包括量化指标和管理指标。量化指标是结果综合评估性指标，也是具有一定公允性的指标，为每股社会贡献值。管理指标则是区别于可量化指标而言的，包括公司社会责任的组织架构和第三方评估。社会责任体系的运作评价更侧重于从结果评估。

2. 公信力的绩效考核

公信力建设的评估着重于各个功能模块建设的过程评估，公信力建设成效纳入绩效考核范畴。公信力建设归根到底是为了促进企业的价值实现，为股东搭建良好的沟通平台，促进市值溢价，因此，在公信力建设考核中，我们倾向于以市值结果来考核，突出针对股东的价值实现结果。如考核目标可以设置为：公司市值的年增长率不低于上证指数增长率的百分之多少或市值的年跌幅不高于上证指数跌幅的百分之多少等指标；年市值增长率达到百分之多少等。

3. 创造力建设

创造力建设旨在加强企业的价值创造能力和风险防控能力建设，从而持续提升公司的收益创造水平，最终为股东创造价值。这里的收益表达的是企业创造价值的绝对数值，也是股东评估上市公司盈利能力的重要基础。创造力建设的主要内容如图 3-1 所示。

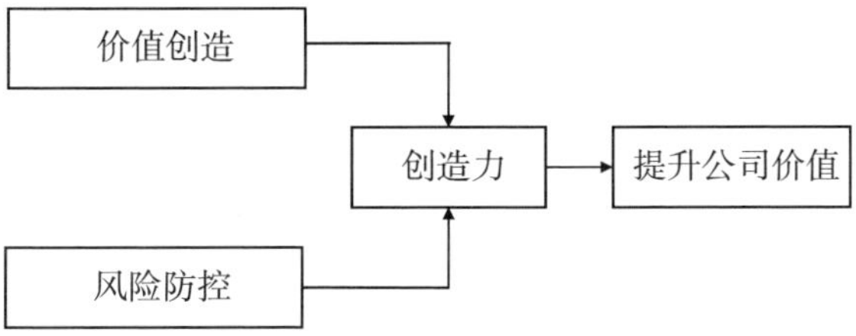

图 3-1　创造力建设主要内容

3.1　经营目标、内容及原则

3.1.1　经营目标

创造力建设是为了强化企业创造力，为投资者创造利益，实现股东资本的增值和溢价。创造力是企业持续经营和获利能力的体现。创造力是企业运转的动力源，是企业存在的生命力。对投资者来说，企业创造力就是他们投资的回报率，是他们能够从企业经营行为中得到的收益。没有创造力的企业就没有存在的价值。

创造力建设的目标就是持续实现公司价值最大化。马应龙一直致力于内在价值的重构和创造，只有使企业内在价值最大化，才能打造有生命力的企业。创造价值最直接的表现就是创造利润以及持续地创造利润，创造力建设就是打造企业的获利能力和持续的获利可能。

3.1.2 经营内容

创造力建设的内容包括价值创造能力和风险防控能力。

价值创造能力。价值创造是企业以满足目标客户的需求为出发点，综合运用发现、制造和整合能力，吸纳资本、转换资本和输出资本，从而持续创造价值的过程，价值最大化是公司价值创造的最终目标。因此，价值创造不是某个部门或单位的职责，而是生产经营的各个环节通力合作的结果，需要企业内部所有部门或单位直接、间接发挥其发现、制造和整合价值的能力。

风险防控能力。风险防控是企业基于保证持续进行价值创造的目标而必须实施的行为。为推动马应龙风控机制的全面有效覆盖，我们建立了质量、合规、审计、法务、安全五个专业职能部门风险协调运作平台，坚持“统一指挥、上下联动、统筹协调、权责明晰”的工作原则，最终协同、高效落实公司各级风险点的动态管控，以保证公司持续价值创造能力。

3.1.3 经营原则

创造力建设的原则包括盈利性原则、效率性原则和风险收益均衡原则。

盈利性原则是企业经营要以追求最大盈利为根本目标，这是创造力的基础。最大限度地追求盈利是所有企业经营活动的内在动力，是企业经营的根本目的。企业只有保持持续盈利，才能得以生存和发展，持续盈利是企业价值的根本体现。经营企业的现实目的是盈利，只有盈利才能保障企业的长远战略和持续发展。

效率性原则要求企业提升经营效能和管理效率，不断提高投入产出水平。企业运营就是对企业经营过程的计划、组织、实施和控制，是与产品生产和服务创造密切相关的各项管理工作的总称。对经营者来说，他们的经营理念、经营思路和经营策略决定着企业融资、投资和收益分配等的政策取向标准，决定着企业应对市场竞争、谋取竞争优势时，能否从数量和质量方面提供资源优势。在企业内部表现为营运能力的强弱，在企业外部表现为产品销售能力的高低。所以营运效率的高低，不仅是企业各层次、各环节资源配置与运营效率的综合反映，也是企业财务目标实现与价值创造的前提基础。

风险收益均衡原则。在经营活动中必须考虑收益与风险的价值对称性，在一定的风险下，必须使收益达到较高的水平，在预期收益一定的情况下，风险必须维持在较低的水平上。风险收益原则更多的是引导公司在追求最大利益的同时，必须关注风险。

3.2 价值创造

3.2.1 发现价值

发现价值，是指企业内外部均存在潜在的、有价值的机会，只需要去寻找发现，就可以实现增值。发现价值主要是通过对经济政策、行业发展、消费趋势、市场动态以及内部经营管理现状相关的信息科学洞察分析，聚焦于发现投资机会点、市场机会点和内部提升机会点，最终实现增值。马应龙发现价值的工作主要包含发现投资机会点、发现市场机会点和发现内部价值机会点。

1. 发现投资机会点

通过对公司战略领域各行业及细分子行业现状及趋势分析，发现新的投资机会点，通过风险投资或外部孵化，进军新领域、新产业、新业态。

(1)判断行业发展趋势，选择具备投资价值行业，提示机遇和风险。

(2)判断大健康产业下细分产业消费趋势，寻找新的消费点。

(3)研究细分产业发展，寻求产业突破点和投资价值点。

(4)开展对标研究(包括标杆企业和成熟市场)，引进新的投资和运营模式。

2. 发现市场机会点

围绕发现和满足客户需求，开展“人、货、场”研究分析，发现新的市场机会点，助力拓展新的产品和服务范畴。

(1)围绕发现需求职能，寻找市场机会点。

(2)围绕满足需求职能，收集影响市场变化的主要因素，包括政策动态、产品信息、客户需求信息等，升级产品和服务。

(3)发现市场机会领域，拓展产品和服务范畴。

3. 发现内部价值机会点

围绕技术创新、管理创新、制度创新，各单元从现有工作中发现机会点，通过优化调整改进，有利于促进企业发展，增强企业盈利能力，提高经营效能和管理效率。

(1)围绕提高产品盈利能力、降低生产成本、提高生产效能等，发现技术创新点，包括开发新产品、引进新技术、推出新的生产(工艺)方法、改进生产或工艺流程、引入研发新模式等。

(2)围绕提高经营管理水平、增强营运能力、降低管理成本、提升管理效率等，发现经营管理创新点，包括经营模式创新、销售模式创新、管理方式方法创新、经营理念创新、市场开拓创新、企业文化内涵及宣教模式创新等。

(3)围绕有利于完善制度架构、激发企业内在发展动力、调动员工积极性等，发现制度创新点，包括提出和引入新制度，改进现有制度，调整制度架构和模式等。

3.2.2 制造价值

当员工把企业资源转移到具有更高价值的产品和服务中去时，企业就创造了价值，他们完成这些转移时所进行的工作就是制造价值的工作。马应龙的制造价值创造工作可以划分为运营系统、管理系统两大类。其中，运营系统是与制造价值创造直接相关的活动，主要包括解决方案系统、产品交付系统、客服销售系统和资产营运系统；管理系统是支持性和间接性的制造价值创造工作，主要包括战略管理、财务管理、人力管理等。

1. 运营系统

(1)解决方案系统。公司解决方案系统主要的价值点在于：发现用户需求，为公司产品、服务资源引进及老产品升级改良指明方向；提供解决方案，满足现有市场需求，提升产品价值。解决方案系统的制造价值工作如下。

①渠道搭建与需求分析。

渠道搭建：搭建需求发现渠道，统筹客户需求信息获取。

需求调研：系统化、常态化开展客户需求调研及分析，定期形成客户需求调研报告，发现具有市场价值的客户需求信息，明确具有现实价值或符合未来价值转移趋势的产品/服务开发领域。

②产品获取。

产品立项：开展产品调研，汇总分析并筛选产品信息，制定产品引进规划，完成重点产品立项。

贴牌引进：统筹协调贴牌产品首次上市前工作。

产品研发：统筹制订产品研发计划，开展上市前研究工作并持续优化研发思路，完成产品注册申报或登记备案，获得产品上市许可。

③产品升级。

项目立项：持续开展在研产品工艺符合性及合规性核查，收集涉及工艺改进、新增原辅包供应商等上市后变更的建议与思路，完成工艺改进项目立项。

工艺改进：统筹制订产品工艺改进研发计划，开展变更研究工作并持续优化研发思路，完成产品变更申报或登记备案，获得上市后变更许可。

(2)产品交付系统。公司产品交付系统的价值点在于：提高产品和服务品质，防范质量风险；提高效率效能，追求卓越绩效；加强成本管控，实现效益最大化。产品交付系统的制造价值工作如下。

①质量管理。

文件管理：推进 GMP 与精益生产管理的有机结合，提升标准化管理水平。

合规性管理：强化厂房设施设备维护、保养，并开展合规性改造；推进现场管理看板合规性提升。

偏差管理：执行偏差控制、变更管理，配合开展各类验证及质量回顾性分析。

质量风险管理：开展质量风险识别，加强质量抽查及现场监控；开展三标一体化升级工作，按年度计划开展验证及再验证工作；推进 QC 活动，运用科学的逻辑思维，提升产品品质。

②委托加工。

合同管理：明确各项质量标准、质量要求和相关责任。

过程监控：严格执行制定的工艺文件，用料符合要求，生产过程符合规范要求。

检验结果：强化产品出厂检验合格，市场抽检合格。及时反馈质量信息。

③环保管理。

风险管理：开展环保风险识别与评估，制定有效风险监控与防范措施。

制度建立：建立完善相应制度、工作流程。

监控改善：保证环保设施正常运行及维护，确保年度环境监测数据达标；持续系统开展节能减排工作。

④安全管理。

风险管理：制订安全管理目标和工作计划，针对各类风险建立应急预案并开展演练。

制度建立：定期收集安全法律法规，修订安全管理制度和岗位安全操作规程。

监控改善：开展科学、系统的隐患排查及治理；强化作业安全管理，杜绝安全事故发生。

绩效评定：定期进行安全绩效评定，组织持续改进。

⑤交付管理。

交付平台建设：从自有和外协两个纬度搭建交付平台，有效利用内外部生产资源，保障销售需求。

生产计划管理：合理调配内外部各类生产资源，确保生产进度，提高信息流动效率。

物资保障管理：提高生产保障力度，有效控制采购成本，合理控制库存。

人力资源管理：完善激励体系，加强人员技术培训，提高人员使用效率。

产品交付管理：根据月度销售要货计划及紧急插单进行车间排产排程，加强生产组织与管理，提高对市场的反应速度。

精益生产：运用精益工具、方法推进全员、全面精益改善活动，提高生产效率。

智能制造：探索智能制造途径，对标学习，提升智能制造管理水平。

委托生产：不断有针对性地完善供应商信息库，提前介入解决方案确定，方便产品落地；建立良好的合作关系，必要时缩短交付周期。

⑥设备管理。

基础保障管理：保障各生产车间电、汽、气、冷(热)供给及车间空调净化系统运行正常；组织开展设备验证及再验证工作，保障设备有效性。

机制建设：建立健全设备预防性维修巡检机制，强化设备维保、预防性维修，完善设备管理制度，提高设备保障力度。

技术革新管理：开展新设备、新技术信息收集、调研与更新改造工作，制订推进计划。

⑦成本管理。

预算管理：建立目标成本责任制，制定成本费用指标，合理调配预算分配。

成本分析：加强成本费用分析，多方寻求降低成本、费用的途径和方法；尝试开展内部成本分析，识别成本影响动因。

成本指标体系建立：合理制定成本指标，强化对成本异动因素的分析，不断细化成本控制措施，增强成本控制的针对性。

精益成本建设：建立完善精益成本体系，结合信息化建设，逐步实现线上精益成本管理；推进独立核算管理，探索内部独立结算管理通道。

委托生产成本管控：测算新产品标准成本，进行比质比价，针对可能降低成本的内容提出降低成本的建议，并与合作企业进行商务谈判。

(3)客服销售系统。公司客服销售系统的价值点在于：培育和经营客户，提高客户满意度和忠诚度，促进业务增长；以市场分析为依据，推进产品的生产与改进，通过完善的承运商和运输商管理体系保障产品及时配送，并确保按期结款；拓宽营销网络的广度，深挖营销网络的长度，提高产品流量、流速和网络兼容性；贯彻品牌经营战略，赋能助推业务增长，提升品牌价值。客服销售系统的制造价值主要工作如下。

①客户开发、维护和反馈。持续巩固战略联盟，通过核心单品独家直供，推动大健康、眼药等新品在既有渠道流通环节的快速嫁接融合，提升渠道网络兼容匹配性，形成与既有优质经销客户的多元合作。以流量聚集带动资源增效，实现主流客户流量流速的稳步提升，发挥渠道网络核心支撑作用。积极发展线上 B2B 业务，实现对传统渠道推广路径盲点的有效补充。明确分销渠道的优势和劣势并合理规划，通过渠道资源的靶向聚焦，以点带面，不断扩大可控分销市场的整体规模。

②组织货源、物流配送、结账回款。包括订单管理、发货管理、中转库管理、物流供应商管理、资金回笼管理等。

③渠道多样化、渠道下沉、品种拓展。创新与线上平台型公司合作模式，有效拓宽渠道网路路径。加深客户合作深度，推动产品的多科室、多适应症销售，尽可能实现公司产品目标医院的全覆盖。构建自主销售人员、代理居间人、终端医院、医生客户、专家代言人等不同层级、上下通达的立体式销售网络，提升营销网络覆盖效果。逐步提升营销体系的精细化销售动作，不断夯实销售团队的基本功，持续完善 OTC 推广的专业化对销售的支撑，优化完善“县长制”操作运营模式，推动基层县域市场第三终端的开发维护，实现营销网络向基层市场的深度下潜。积极丰富现有

销售网络品种，尽可能多地将公司产品增加至已覆盖的终端医院及销售网络。通过战略合作同盟、区域核心分销商体系构建等举措，实现优质客户在品种结构优化、价格体系维护、电汇支付比例等方面发挥增值服务效益。利用网络平台资源，提升销售网络的含金量。

④品牌定位、强化、延伸、经营。围绕品牌定位，挖掘品牌内涵，提升品牌价值；定期进行品牌研究，开展品牌调研；争取国家级品牌资质，夯实品牌定位。

强化品牌定位，统筹开展战略宣传，传递肛肠健康方案提供商转型升级信息。负责品牌资产管理，开展商标注册储备，构建核心知识产权护城河；建立品牌识别体系，统一品牌形象和产品包装设计风格。

制定“马应龙+”品牌延伸策略，为品牌延伸画出跑道；完善品牌监管制度，为品牌延伸保驾护航；规范品牌延伸领域的 VI 识别体系，统一品牌形象；开展舆论监测，防范品牌风险。

制定贴牌产品品牌管理实施细则，规范贴牌业务良性拓展；统筹开展品牌整合传播，打造马应龙特色传播模式，积攒流量池，赋能业务增长；积极拓展新零售业务，打通传播与销售转化的营销闭环，引领新型业务发展；持续发现品牌价值，创造品牌价值，提升品牌价值。

(4)资产营运系统。公司资产营运系统主要的价值点在于：利用基金运营平台，分担公司投资成本和风险，扩大资金收益；扩大医药健康领域优质企业布局，提升资本价值；强化产权管理，保障公司资本营运活动安全与收益；优化资产结构，处置或退出低效、无效资产；统筹业务板块整合，提升产业经营效能；强化产品资源整合，有效配置产品结构。资产营运系统的制造价值主要工作如下。

①资金募集。包括募集外部资金、基金合规管理、资金调度管理、投资人关系管理等。

②投资并购。投资研究和项目研究；组织开展目标投资项目调研、评估及谈判，执行公司项目投资决策，实施具体投资；二级市场投资分析与决策；二级市场操作等。

③投后管控。推动所属公司完善公司治理；对各所属公司重大事件

(投融资、担保、重大资产购买及处置等)发表意见；推进所属公司资产证券化；加强项目投资风险控制，对公司资本营运活动全过程实施风险评估，尤其加强财务性投资投后风险控制薄弱环节。

④项目退出。开展资产退出工作，推进公司产业结构优化，实现存量资产优化，资本保值、增值。

⑤资源整合。根据资产营运评价结果，开展各业务板块资源整合，促进新业务、新产品流程再造，提升资产或产品价值；负责管理、整合公司产品资源，配合引进各类产品，丰富和优化公司产品结构；分析产品市场，梳理公司闲置产品资源，挖掘产品潜能；组织产品资源竞单工作；构建对完结竞单的评估体系，对竞单产品或项目的运营成效及后续运营方式组织评估。

2. 管理系统

(1)战略管理部门。公司战略管理部门主要的价值点在于：发掘战略机会和投资价值方向，深度研究战略实施路径，确认可拓展方向和实施方式，推动健康方案提供商的深化落地。对公司战略定位及实现路径发表意见，明确公司中长期战略规划。分解战略目标，跟踪、反馈目标实施进度，总结和优化战略。战略管理部门的制造价值工作如下。

①确定方向。搭建战略研究平台，组织平台运作；统筹组织和参与战略研究专项课题研究；协调搭建发现价值平台，分析整理发现价值信息，提供战略研究项目建议等。

②选择战略。起草公司战略规划的制定、分解实施，包括战略目标确立、战略路径分析、中长期战略规划以及各产业的战略发展规划的指导和建议等。

③督导落实。组织实施公司绩效和高层绩效的制定、跟踪和总结；战略专项的跟踪、总结和反馈；管理工具应用。

(2)人力管理部门。公司人力管理部门主要的价值点在于：基于公司战略转型需要，预测未来人才需求，落实人才引进计划，促进公司战略目标的达成。基于人才盘点及评鉴，找出优势和差距，落实人才培养计划，提升整体能力素质水平。实施“四定”工程、“四岗”工程，持续优化组织结构和岗位要求，对冗员及时予以淘汰，实现人力资源更迭。科学设定绩效目标并向下逐层分解到位，通过多元的激励要素以及全面的薪酬体系，激发员工潜能，提高人力资源投入产出效能。人力管理部门的制造价值工作如下。

①引进人才。构建人才标准；制定人力资源规划；完善人才引进渠道网络；合理配置人才结构比例，提升人力资源结构素质；完善薪酬福利激励机制；分析引进成效。

②培养人才。开展人才评价；构建多层次培训体系；推动实施人才发展战略；总结推广人才发展经验；拓宽人才发展空间。

③淘汰冗员。优化组织机构和职能；开展绩效警示和面谈，调整和淘汰不合格人员；制订人员优化方案；防范劳动风险；严格劳动合同管理。

④人力效率。统筹绩效管理，分解绩效指标；开展对标分析，提出改进建议；开展绩效评估；统筹薪酬管理；制定薪酬规划；制定人才激励措施；强化集团人力资源管控。

(3)财务管理部门。公司财务管理部门主要的价值点在于：开展全价值链的战略成本管控，引导成本优化。持续构建全面预算管理，从财务视角对企业各层级、各业务进行持续衡量、分析和评价，提高资源配置能力。持续构建集团投融资体系，拓展新的融资渠道，加强集团资金集中管理、提高资金资源配置效率和效益。强化风险管控，通过全业务流程的参与及梳理，查漏补缺规范业务过程，减少风险降低损失。财务管理部门的制造价值主要工作如下。

①成本控制。以市场分析为基础，站在战略高度对产品功能、特性进行定位，并通过价格预测和成本倒推确定目标成本，以此为基础对产品的设计、生产及工艺事前规划。识别并夯实各个环节的核心数据，为新产品的报价和财务分析提供支持。通过事前、事中、事后的控制，加强业财融合，逐步建立战略成本体系并不断优化。基于成本核算，对成本升级因素开展分析和比较，寻求成本降低的途径，为成本规划、经营决策和成本改进提供依据。定期对成本计划和完成情况总结评价，目的在于改进成本控

制活动，激励和约束成本行为，以财务指标为主，辅以非财指标。

②优化配置。加强预算管理体系建设，持续构建事前对接调整、事中监控优化、事后考核总结的闭环管理机制。制订科学可行的预算评价办法和标准，不断完善预算分解落实、执行跟踪和分析考评体系。

③融通资金。构建银行、股权融资等多元化的融资体系，为本部及所属公司融通资金，化解财务风险。参与对内投资和对外投资项目，做好决策的经济效益分析和预测，提出相关的账务处理、税务管理要求等意见和建议。加强集团资金集中管理、提高资金资源配置效率和效益。

④风险控制。完善税收筹划与风险管理有机结合的机制，组织开展公司税务风险识别和评估工作，根据风险发生的可能性及重大程度开展预防性控制。严格落实资金、存货、应收账款、固定资产管理制度，在保证资产安全的基础上，提高资产的营运管理水平，提高资金使用效益。夯实会计核算、财务制度及信息系统三项基础，准确计量和记录公司的价值，不断提高财务信息披露质量，提高公司的公信力。

3.2.3 整合价值

整合价值就是通过资源整合、重组再造、模式创新、资源吸纳等手段提高效能，从而达到整体价值最优，实现公司价值创造。其中，整合是手段，整合的目的是创造价值。马应龙整合价值的工作主要包含资源整合、重组再造和商业模式创新。

1. 资源整合

资源整合就是把公司内部既互相相关又互相独立的资源，以及公司外部既具有业务往来又具有独立经济利益的协作伙伴整合成一个为客户服务的体系，取得 1+1 大于 2 的效果。

(1)产品整合。

识别：公司的产品线诊断至少包括以下三个方面：一是对照公司目标客户需求，确认公司产品结构不全、功能不全等产品；二是搜集市场信息，围绕相应领域识别有哪些外部产品；三是关注消费、技术前沿，出现的新技术和新产品等。主要围绕肛肠领域全产业链、大健康具有潜力产业，评估识别产品的价值点。

获取：寻求与标的产品的合作方式，可采用并购、贴牌、引入、合伙、代理等多种合作方式。

配置：公司产品线整合，与公司现有产品的组合营销方式。

利用：有效利用公司资源(双方)，对接内部运营机制，实现规模的快速放大。

(2)市场整合。

识别：公司的市场诊断至少包括以下三个方面：一是对照公司现有主要产品覆盖市场，确认因销售策略、价格、产品功能等方面造成的薄弱环节及薄弱市场区域；二是搜集市场信息，了解直接竞争对手及相邻领域竞争对手市场情况，寻求可以合作的外部市场；三是关注市场新方向以及新兴市场、新兴渠道等。主要围绕肛肠领域全产业链、大健康具有潜力产业，评估识别市场的价值点。

获取：寻求与目标市场的合作方式，可采用并购、联合(联合调查、联合品牌、联合促销等)、合伙等多种合作方式。

配置：市场整合，与公司现有市场融合兼容，发挥 1+1>2 的市场效果。

利用：有效利用公司资源(双方或多方)，对接内部运营机制，实现市场的快速扩充。

(3)人力资源整合。

识别：公司的人力资源诊断至少包括以下三个方面：一是梳理公司现有人员结构，确认公司人力资源的薄弱环节，包括稀有人才和短缺人才等；二是搜集外部人力资源信息，包括猎头市场信息、招聘市场信息等；三是关注与消费发展方向及市场发展方向相匹配的新兴技术人才等。主要围绕肛肠领域全产业链、大健康具有潜力产业，评估识别人力资源的价值点。

获取：可以通过猎头、招聘、推荐、内部转岗等方式获取。

配置：新进人员与原有人员形成既竞争又互补的相互合作关系。

利用：有效利用新进人员的活力与冲击，改进现有管理薄弱环节，完善公司管理体制，提高管理效率。

（4）供应链整合。

识别：公司的供应链诊断至少包括以下三个方面：一是根据公司客户反馈信息，从品牌、质量、价格等方面系统分析公司现有供应链的薄弱链条；二是搜集市场信息，包括上游供应商和下游分销商等，寻找可以替换或新增的供应链条；三是关注医药行业供应链的最新发展方向，关注新技术在供应链的应用等。主要围绕肛肠领域全产业链、大健康具有潜力产业，评估识别供应链的价值点。

获取：寻求与目标供应链条的合作方式，可采用招标、并购、合伙、代理等多种合作方式。

配置：供应链整合新进链条，与公司现有链条形成竞争与合作的互补机制。

利用：有效利用公司资源，完善新的供应链合作机制，有效管控供应风险，实现价值最大化。

（5）资本整合与并购整合。

识别：公司的资本运作诊断至少包括以下三个方面：一是从资金引入、并购及后续整合经营、财务性投资风险管控等方面审视目前公司资本运作存在的问题；二是搜集资本市场信息，梳理有哪些与公司资本运作相匹配的优质资金和优质医药公司；三是积极关注资本市场最新发展动向和最新政策等。主要围绕肛肠领域全产业链、大健康具有潜力产业，评估资本运作的价值点。

获取：公司资本整合的合作方式主要有引入、并购、置换、合伙等。

配置：通过资本整合，与公司现有产品、市场、渠道等资源形成衔接与互动。

利用：有效利用公司资源（双向利用），改进内部运营机制，实现双赢与多赢。

（6）平台整合。

识别：公司的平台诊断至少包括以下三个方面：一是将公司作为

一个平台，从客户需求角度出发，从产品、市场、资金、产业发展、政策扶持等方面系统审视公司目前存在的不足；二是搜集外部信息资源，包括市场、金融机构、科研院所、行业协会、政府机构等全健康产业涉及的资源；三是关注医药行业发展动态、新产品、新技术、新政策等。

获取：寻求与目标实体的合作方式，可采用引入、转让、置换、合伙、代理等多种合作方式。

配置：通过平台整合，新进资源与公司现有内部资源形成补充。

利用：有效利用公司外部资源，壮大公司整体实力，进一步巩固公司在医药细分领域的领导地位。

2. 重组再造

重组再造就是对公司的资金、资产、劳动力、技术、管理等要素进行重新配置，构建新的生产经营模式，使公司在变化中保持竞争优势的过程。重组再造贯穿于公司发展的每一个阶段，通过对公司产权关系和其他债务、资产、管理结构展开改组、整顿与整合，从整体和战略上改善公司经营管理状况，强化公司在市场上的竞争能力，推进公司创新。

(1)经营性重组。

①资产重组。即对公司(含所属公司)一定范围内的资产进行分析、整合和优化组合的活动。项目小组通过组织职能部门人员对公司本部及所属公司资产运行质量进行系统调研分析，全面了解公司本部及所属公司资源利用情况，对于闲置或运行效率低的资产提出剥离与处置方案。

②业务重组。即根据经营属性及经营效果对公司(含所属公司)业务进行划分，着重划分经营性业务和非经营性业务、盈利性业务和非盈利性业务、主营业务和非主营业务。将经营性业务和盈利性业务纳入公司核心业务，将非经营性业务和非盈利性业务进行剥离或外包。

③人员重组。即通过减员增效，优化劳动组合，提高公司(含所属公司)劳动生产效率的活动。在人员重组时，项目小组人员之间以及各职能

部门个人之间的沟通一定要公开，全部的信息必须得到充分交流。

(2)资本重组。

①股权重组。即对公司(含所属公司)股权进行调整的活动，股权重组可与其他重组相互关联，甚至同步进行。比如为整合商业板块资源，加大物流公司与大药房之间的黏性整合，通过“股权转让+增资”的方式逐步实现由大药房对物流公司控股。

②并购。即公司通过购买等有偿方式取得其他公司的产权，实现对目标公司控股的活动。通过高质量并购，进一步巩固马应龙在医药行业细分领域的领导地位。

③债务重组。即对公司(含所属公司)的债权债务进行处理，并且涉及债权债务关系调整与优化的重组活动。债务重组一般通过将债务人负债责任转移使负债转变为股权等方式进行。

3. 商业模式创新

公司商业模式创新的目的是为公司带来长期竞争优势，需要经历价值点挖掘阶段、分析设计阶段和方案形成与实施阶段。

(1)价值点挖掘。在价值点挖掘阶段，由项目小组对各职能部门及各所属公司进行分工，从如何为客户创造更多价值的角度挖掘价值点，为商业模式创新提供基础，必要时可请外部专家提供帮助。

(2)分析设计。在这一阶段，由项目小组人员对公司(含所属公司)现有商业模式进行深入分析，结合商业模式创新方向，探索不同商业创新模式。

(3)方案实施。在系统价值点挖掘，多种商业创新模式探索的基础上，由项目小组综合各方意见与建议形成公司(含所属公司)商业模式创新探索方案，经过公司决策后实施。同时还要做好计划，并做好风险分析，即失败的可能性及对策等。在实施过程中，做好跟踪记录，对商业模式创新方案不断进行改进与完善。

3.3 风险防控

3.3.1 工作机制

为强化公司专业职能部门风险防控和专业支持的核心价值，推动风控机制的全面有效覆盖，公司建立了质量、合规、审计、法务、安全五个专业职能部门风险协调运作平台，设定总协调人，成立专业职能风险协调组。

1. 管控程序

(1)风险识别与评估。协调组每年度定期统筹并组织专业领域风险自查，或通过向相关业务部门询问、信息交流、共享的方式，全方位、多途径收集公司内外部风险信息，结合风险评估工具和方法识别出高、中、低风险，并针对具体风险进行风险描述与成因分析，制定应对策略。

根据事前、事中、事后的不同时间节点可能出现的风险制定具体应对措施，并根据风险防范涉及的内外部资源，结合专业职能部门职责管辖范围，确定主办及协办部门，以及外部专业支持机构，形成专业领域风险信息库。

根据外部法规及监管形势变化，结合公司战略发展及业务经营范围及时收集与解读最新法律法规，不断完善风险覆盖面及防控重点。

不断拓展风险识别领域，多渠道收集风险信息，包括但不限于社会政治因素、市场风险、竞争对手风险、供应链风险、自然环境风险、灾害风险等外部风险点。

(2)风险查漏与风险控制。协调组组织年度或不定期工作组会议，针对各专业领域风险信息库进行风险查漏，从公司全局，发现剩余风险及新增风险点。

根据风险库识别出的高、中、低风险，协调组经会商确定年度风险联防联控重点，形成年度重点风险联防联控计划。

各专业职能部门针对具体重点风险细化应对方案，制定联防联控应对措施，扩大风险防控范围，或增加联控频次，确定防控重点和协办部门职责，明确各时间节点总负责人及分负责人，实施联防联控，若需要协调组协调解决的，由协调组召开会议进行协商解决。

未纳入联防联控计划的风险点，由原各专业职能部门单独或部分协同监督检查，对于难以解决的风险点可由协调组组织共同确定风险应对方案。

各协办部门积极配合主办部门在不同风险时间节点进行风险防控，及时提供风险资讯，履行各自风险管控职能。

(3)专业职能部门人才管理。培养并孵化专业支持人才，形成专业支持人才库。组织固定或临时专业支持小组，揭示并规避公司各领域风险，主动参与相关营运系统经营，提供专业支持。

识别各专业领域外联专家库，不断寻求外部支撑系统和外联建设，不断提高内协外联水平。

2. 研判预警

各专业职能部门每年或不定期组织内部或外部专家库人员针对管辖范围内重点风险管控情况进行风险总结，向风险涉及相关部门通报风险管控情况，并向协调组提交总结报告。

各专业职能部门应主动作为，针对风险涉及的相关部门推送风险预警信息，主动提供专业支持相关培训与咨询工作。

3. 监督考核

各专业职能部门可制定管辖范围风险责任考核机制，对各专业支持进行多维测评，可包括业务部门与专业支持部门双向测评、专业部门之间测评、主办部门与协办部门之间测评、外部机构测评。测评结果将纳入公司对专业职能部门及相关责任部门的绩效考核。

协调组根据各领域测评结果，评估公司专业支持水平，采取具体措施，不断提升公司风险应对能力。

3.3.2 专业支持

1. 质量部门

公司质量部门风险防控的主要职责：维护公司产品、生产资质，确保生产现场合规合法，加强全产业链的质量管理和质量风险管控，降低质量安全风险。

(1)资质维护。维护公司药品、医疗器械、化妆品、消毒产品、食品等生产资质、产品资质，定期审核，确保生产资质合规、产品资质有效；根据市场需求，及时增补新的产品类生产资质、产品资质。

(2)合规合法。符合生产工艺规程要求，产品符合注册或备案质量标准；规范检验操作，不发生检验错误，不发错误检测报告；随机开展监督性检查，确保生产过程规范性；跟进产品抽检信息，及时应对。

(3)质量控制。在规定时限完成物料、中间产品、成品的检验，完成生产指令审核、审批记录审核和产品放行，不影响产品交付；在规定时限内完成包装设计稿、打样稿审核与下发，不影响产品交付；强化大健康产品包装审核，确保文字内容合规。

(4)质量责任制。每年年初，结合公司经营纲要、各关联部门业务实际，质量总监与各关联部门签订质量责任书。定期跟踪，按照季度、年度对各个关联部门质量落实情况进行评价。

(5)质量教育。征求各关联部门意见，制订年度品质文化教育方案；分板块、分部门开展品质文化教育，落实年度计划；完成品质文化教育年度总结。

(6)质量监督。持续完善体系建设，确保符合法律法规要求；定期开展文件、生产过程和记录一致性审核，确保产品注册与生产一致；及时开展生产现场监督性检查，随机开展飞行检查，确保生产过程规范性，随时处于迎检状态；梳理风险点并制定预案；控制故障率，强化异常事例处理效率，减少损失；开展持续稳定性、产品留样观察，确保产品在符合贮存条件下稳定，为市场异常事例发生提供技术支持；对产品研发立项、中试放大进行跟踪、合理性评估，从源头控制风险；强化风险思维，深度开展工艺验证及其关联研究。

(7)准入审计。对物料新增供应商、新委托贴牌生产商进行准入审计，对已有供应商、已有生产商进行定期审计，评估准入、退出；对大健康产品按品类、规格进行全覆盖抽检，确保产品出厂放行、持续稳定性质量可控。

(8)产品监测。持续收集客户反馈的不良反应、使用感受、改进等信息；对客户信息进行汇总，并落实关联部门开展可行性评估。督促关联部门进行质量改进或产品升级。

(9)质量风险管理。进一步健全全产业链质量管控体系，强调系统保障和过程控制，明确各级人员风险管理责任及风险防范措施；国家政策变化及非常规检查计划，对各营运单元和所属公司进行质量审计，查找其在经营管理过程中存在的质量风险。持续帮扶各营运单元、所属公司，持续完善体系建设，助推质量升级。

2. 合规部门

公司合规部门风险防控的主要职责：构建公司经营底线屏障，促进法律遵从与各项经营行为及规章制度的优化匹配，为公司经营活动保驾护航。

(1)合规研究。对集团全产业链业务涉及的法律法规、监管政策及部门规章进行梳理形成适用清单；开展合规风险识别与评估，制定合规风险清单；开展事前充分调研分析和合规专题研究，为各项经营活动的合法开展提供参考依据；对集团各部门重点规章制度、业务流程以及审批程序等开展有效的、闭环的合规性评价；对公司各部门的经营行为和履职提供及时的合规咨询，并组织全产业重点的合规培训等。

(2)合规监管。对公司重大决策、新产品、新业务等经营管理活动提出合规审查意见或合规风险提示；对合规性审查事项开展过程监督，检查项目实施过程中合规评价结论和意见是否执行或落实；协同开展合规风险事件的应急处理，强化全过程的跟踪及评估；对合规审查资料、审查结果、后期跟进情况等分类别开展归档管理，以便后期追溯评价。

(3)合规审评。督导集团各部门及所属公司定期开展合规管理有效性自查，并定期组织开展合规监督检查及专项合规检查。对各项业务、内部规章制度等与各项法律法规、制度流程以及其他要求的适应性评价。对公司内部的违法违规事项、行为或合规风险隐患开展调查，并跟踪、监控和督办。合规问责，包括主要采取合规提示、警示与合规约谈等形式。

3. 审计部门

公司审计部门风险防控的主要职责：不断完善公司内控与风控体系，确保内控合规，符合监管要求，防范经营风险。开展各类采购项目的招标，组织公司工程项目预、决算及过程审计，促进成本节约。

(1)内控管理。以内控手册为载体，持续开展内控建设和评价，完善内控体系。接受指导，配合内控审计工作，确保符合监管要求。

(2)风险管理。优化风险管理的内部保障机制，巩固工作成果；建立与完善风险管理流程和运行机制，促进体系规范高效运行：包括风险动态监测、专项风险评估、风险自查、排查、审查、风险应对跟踪、风险报告等。

(3)内部审计。多维度开展内部审计工作，包括财务审计、专项审计、离任审计等；建立并不断完善审计跟踪机制。

(4)市场监控。深入开展市场监控检查及调查，查处违规行为；多维度开展市场营销评估评价活动，客观反映营销现状。定期监控，及时预警债权风险，督促清收。一线销售经理异动监交，保障业务衔接。

(5)内部监察。开展专项监察、受理投诉举报事件并开展调查、处理和报告。

(6)招标管理。统筹安排采购招标工作，持续优化招标流程，加强成本管控，包括集团与所属公司项目招标、供应商信息收集反馈与跟踪等。

(7)工程管理。对重点建设项目的预、决算及过程跟踪审计，合理控制工程成本，包括工程项目预算控制价的编制、过程跟踪审计、决算审计。

4. 法务部门

公司法务部门风险防控的主要职责：深挖专利、商标资源，加大保护力度，保护公司无形资产安全，在集团体系内部进行资源的流转与共享，盘活资源。建立和完善法律风险防控体系，有效保护公司权益，提高全员的风险防控意识，消除法律风险隐患。为公司各经营环节服务，强化合同审核、投资并购、技术项目引进等重大经营活动中的法律风险服务与管控。

(1)知识产权管理。包括知识产权申报、知识产权监管与维护、知识产权激励等。

(2)法律事务处理。包括诉讼及纠纷事件的处理、危机事件的处理、法律政策研究、法律培训、风险隐患排查、督促整改、消除法律风险等。

(3)法律服务。包括合同审核、法律尽职调查、投资项目的法律支持、子公司支持等。

5. 安全部门

公司安全部门风险防控的主要职责：从技术上、组织上和管理上采取有力的措施，解决和消除各种不安全因素，防止事故的发生。

(1)建立与优化安全管理体系。

(2)落实安全分级管控。

(3)动态追踪安全风险点的变化。

(4)强化应急预案与演练管理。

(5)强化安全事件备案与学习机制。

(6)建立内部安全评价体系。

3.4 创造力评价

创造力的衡量标准与公司价值创造能力和风险防控能力紧密相关。因此，创造力的评价指标包括价值创造指标和风险防控指标。具体参见表3-1。

表 3-1 创造力的评估模型

评估项目	指标说明
一、价值创造指标	
(一)发现价值	
发现投资机会	发现新的投资项目数量
发现市场机会	发现满足客户需求的新产品或服务数量
发现内部价值机会	发现提升内部经营和管理效率的次数
(二)制造价值	
净利润	年度净利润数值
品牌价值	以第三方评估的品牌价值含量
主导产品市场占有率	以第三方为评估为标准的产品市场占有率
主导产品的销售收入增长率	产品销售收入增长率
各营运环节经营效能纵向对比	各营运环节经营效能的纵向对比，即本年度和上一年度的对比
各管理环节管理效率纵向对比	各管理环节经营效能的纵向对比，即本年度和上一年度的对比
(三)整合价值	
企业并购	符合公司战略发展方向的企业并购数量
财务性投资	财务性投资企业数量
产品/人才引进	产品/人才引进的数量
银行融资	银行授信额度
二、风险防控指标	
(一)内部风险防控	
质量风险	重大质量事故发生的次数及影响
合规风险	违法违规事项的次数及影响
法律风险	发生法律纠纷的次数及影响
安全风险	安全事故发生的次数及影响
(二)外部风险防控	
供应链风险	原材料缺货对公司生产的影响
政策风险	国家政策出台对公司生产经营的影响
市场风险	竞争对手对公司市场地位的威胁

1. 指标说明

上述指标为创造力的部分评估指标，旨在反映公司创造力水平。但在实际评估中，根据当年的工作重点，可能会略有不同。创造力指标更多的提供一种导向作用，引导公司员工在创造力建设中以各项指标的增长为目标而努力。

2. 创造力建设的绩效考核

企业创造力的绩效考核是公司年度绩效考核的重点。公司年度经营目标对该年度的价值创造水平作了明确要求，并层层分解，纳入各层级员工的绩效考核中。

4. 发展力建设

影响企业生存和发展的因素是多方面的，归根结底可以概括为三个方面，即竞争力、创新力和控制力。竞争力表现为企业在某些方面所拥有的独特优势；创新力反映的是企业的活力，是对企业产品、服务及各个方面工作或过程全方位的创新；控制力是对企业各个方面工作或过程全方位的控制，降低经营风险。公司从竞争力建设、创新力建设和控制力建设三方面出发，加强企业发展力建设，谋求可持续发展，实现“做强，做大，最终做长”的经营目标。发展力建设的主要内容如图 4-1 所示。

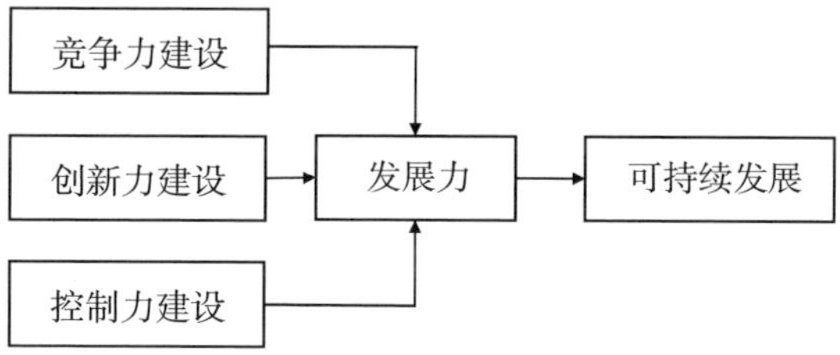

图 4-1　发展力建设主要内容

4.1　经营目标、内容及原则

4.1.1　经营目标

发展力是企业可持续发展的能力，是企业在生产经营和社会实践活动中所获得的持续创造经济价值、社会价值和全面发展的能力，是公司持续经营的体现。

公司希望通过发展力的建设，在追求长久生存与永续发展的过程中，既能实现经营目标、确保市场地位提高，又能使企业在已经领先的竞争领域和未来的扩展经营环境中保持优势、持续盈利，并在相当长的时间内实现稳健成长、长盛不衰。

4.1.2 经营内容

具体到马应龙发展力系统的建设中，我们以为构建公司持续健康稳定发展模式需要具备比较优势的核心竞争力、开拓的创新能力以及全方位的控制能力为经营内容。

竞争力。企业竞争力就是企业长期形成的，蕴涵于企业内质中的，企业独具的，支撑企业过去、现在和未来的竞争优势，并使企业在竞争环境中能够长时间取得主动的核心能力。马应龙的核心竞争力强调以消费者和竞争者为导向所建立的或拥有的在产品力、营销力、品牌力方面超过其他企业且无法被轻易追赶的优势，这种优势是可以通过某种途径进行扩散转移的持续的动态的能力。

创新力。创新是大胆开拓的具体手段，赋予资源以创造财富的新能力，也就是对企业技术、管理、制度进行要素的重组创造，从而有利于企业创造新价值，促进企业发展，增强企业盈利能力，提高经营效能和管理效率。企业创新过程包含着企业在不同方面的变革，这些变革必然要对纳入其内部的要素资源如财务、资本、技术、人力资源和原材料等按一定的组合方式进行有效配置，从而形成一定的资源配置综合能力。企业创新力也是企业竞争力的源泉。企业创新的内容以及由此带来的内部整合力的变化要最终转化为企业产品或服务的实际竞争力。由此，企业内部整合能力和企业外在竞争能力的提高都体现了对企业创新力的依赖。

控制力。从管理学角度说，所谓控制力是企业在生产经营活动中，根据市场经济运行规律，对企业自身行为进行约束调整，使其经营活动不超过自身能力的范围，并降低经营风险，最终获得相对于竞争对手更多的成本优势的能力。

4.1.3 经营原则

发展力建设的经营原则包括独特性原则、战略性原则和合法性原则。

独特性原则要求企业持续培育和发挥自己的优势，在产品、营销、品牌等方面，形成有特色的经营和管理模式，提升企业核心能力和竞争优势。企业想要在市场竞争中立于不败之地，必须时刻保持自己的竞争优势。独特性原则要求我们把握客户在物质和精神上的渴望，坚持市场导向的开拓创新，在某些领域成为技术和创新的领导者。独特性是对公司核心竞争力的构筑和强化，独特性就是在创新中寻求发展，在发展中寻求提高。

战略性原则要求发展力的构建必须考虑基本性、全局性和长远性。发展力的建设是一项战略性、长期性的工作，关系到公司的持续发展能力和生存能力。战略性原则要求公司发展必须坚持战略导向，明确战略目标和方向，树立长远的发展目标和策略。战略性原则要求公司管理层和各级员工在做出任何决策时，必须考虑公司的长远利益，必须具备战略性的眼光，不能因为短期利益的驱使而放弃或损害长期利益。

合法性原则。合法是企业生存并实现持久经营的前提，是企业存在的基础。企业承担了守法的义务，才能获得存在的许可，但同时也可以享有法律对其提供的保护，在法律允许的范围内，或者是法律没有禁止的范围内，去创造自身的价值。所以合法经营、依法办事是企业正常经营的保障，它涉及的是企业持续发展的问题。

4.2 竞争力建设

竞争力是指能够为企业带来比较竞争优势的资源，以及资源的配置与整合方式。马应龙的竞争力强调以消费者和竞争者为导向所建立的或拥有的在产品力、营销力、品牌力方面超过其他企业且无法被轻易追赶的优势。

4.2.1 产品力建设

1. 产品力含义

产品是指能够提供给市场，被人们使用和消费，并能满足人们某种需求的任何东西，包括有形的商品、无形的服务、组织、观念或它们的组合。产品能满足某种需求也就具有了一定的价值，消费者购买产品就是为了获取价值，而产品力正是通过产品的价值得以体现。产品力强调产品满足客户需求的程度，是产品价值的进一步体现，其凝聚着客户对产品相关属性的反应程度，是产品的核心价值所在。

2. 产品力建设目标

产品力建设的目标是通过提高产品满足消费者需求的程度，为客户创造价值，进而使企业价值得以提升。马应龙作为肛肠健康方案提供商，其产品力的建设目标要符合客户经营、品牌战略的整体规划和既定方向，通过产品力的建设，实现有效性、安全性、便利性、经济性、合规性的目标，促进公司战略目标的实现和核心竞争力的构建。

3. 产品力建设原则

为保障马应龙产品力建设的目标，公司明确了在建设产品力时应遵循的五大原则，具体如下。

(1)有效性。公司生产的药品、化妆品、提供的医疗服务等，必须“对症下药”，能够达到标称的疗效，解决消费者生理或心理上的问题。

(2)安全性。公司的产品从工艺配方设计，到设备配备、物料采购、生产制造、质量监控，再到最终临床应用，都必须保证客户的使用安全。

(3)便利性。公司提供给客户的产品，应该是便利的，能够使客户最为简洁、明了地知晓使用方式，并简单、安全地进行使用。

(4)经济性。公司提供给客户的产品，应能使客户在进行综合衡量后，感觉到物有所值，性价比高。

(5)合规性。公司涉足领域具有高规范性要求，在经营的各个环节均要注重规范性的满足，确保企业经营的持续良性展开。

4. 产品力建设内容

为实现上述产品力建设目标，公司从解决方案系统、产品交付系统两大系统建设出发，进一步细化为通过“发现需求，提供有效解决方案满足需求”以及“快交付、高品质、低成本、多增益”来强化产品力建设。

(1)发现需求系统。发现需求系统是通过各种渠道、平台、反馈收集客户需求信息并整理分析，通过对大量客户需求，经过“去粗取精、去伪存真、由此及彼、由表及里”的归纳、分析、综合，总结出需求解决方案并定期予以发布，以便能够准确把握需求，为方案设计提供准确的市场信息。马应龙主要是通过流行病学调查、体验式营销、网络收集、搭建全球信息系统等多渠道、多方式收集客户需求数据信息，建立全方位的客户信息收集体系，完善常态化市场调研机制，强化大数据量化分析，把握细分市场发展趋势和客户需求变化，从深层次去理解客户需求，并以更为深度的方式让客户获得最专业、最有效的解决方案。

案例 4-1：

马应龙作为肛肠治痔领域的领导者，于 2012—2014 年联合中华中医药学会肛肠分会开展了“中国成人常见肛肠疾病流行病学调查”(简称“流调”)，此次流调工作历时三年，调查样本覆盖全国 31 个省(自治区、直辖市)，195 个县(市、区)，共抽样 68906 名 18 岁及以上城镇社区居民和农村居民中常住人口。从肛肠疾病患病率、发病人群特征、疾病主要症状、诱导因素、就诊与潜在市场调查等方面进行了调查和深入分析，了解现阶段我国肛肠疾病的患病现状，探索相关危险因素，了解患者的就诊情况以及对肛肠疾病相关知识的知晓程度、态度和接受健康教育的情况，等等，希望能为防治肛肠疾病提供积极的指导性意见，也希望能够通过自身全产业链的布局满足肛肠疾病患者多层次的需求，使其免受肛肠疾病之苦。流调结果整体呈现

“一高两低”特点，即发病率高、就诊率低和认知度低(如下图)。

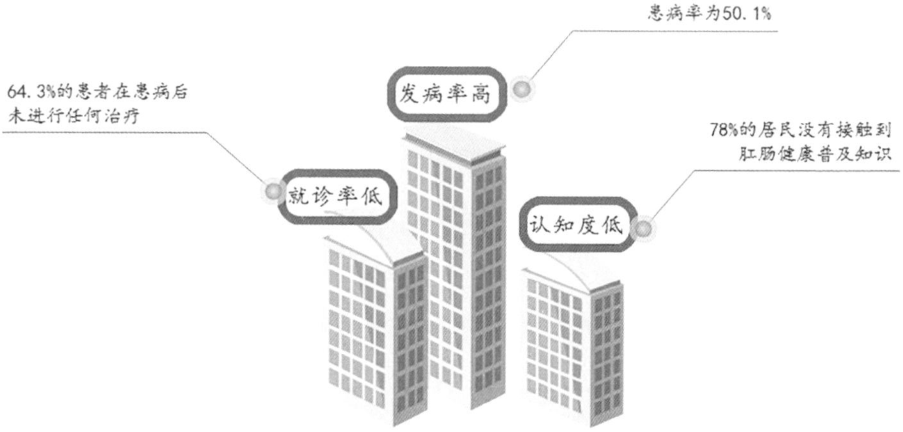

(2)解决方案系统。需求发现最终要落脚到企业产品或服务的提供，通过系统的解决方案满足客户需求。解决方案系统的主要内容是通过全球资源的搜寻和合作，整合肛肠健康管理全产业链资源，打造经营联合体，向上组织供应链，积极构建经营联盟，向下链接客户端，快速响应客户需求，构建强有力的产品运营通路，发挥平台价值效应；借力互联网平台的资源聚集能力，加快产业变革和转型，促进全产业链的参与互动，构建商业生态链。

①聚合产业链资源，促进销售的全面转型。基于客户需求方案组织产品线，实现精准营销。发挥资源整合能力，促进营销方式的转型，由单一的销售职能转变为整合代理功能，通过聚合全产业链资源，努力为客户提供全方位服务。

②整合各方资源，形成体系化、纵深化配套的产品组合。强化基于立体化的产业架构，形成覆盖药品、医疗器械、保健食品、化妆品、消毒产品、日用品等系列化的产品结构；整合产业链产品资源，进一步丰富大健康类产品，包括医生护理包、患者护理包、便秘或腹泻保健品、基于核心功能延展的化妆品等。

③发挥互联网医疗的资源聚集能力，完善产业链生态格局。依托马应

龙在肛肠领域的基础优势，整合肛肠领域全产业链资源，构建重度闭环的专业化、垂直化、开放化的肛肠健康移动医疗平台；用肛肠诊疗保健大数据和前沿 IT 技术，为肛肠病患群体提供健康资讯、体检保健、自检服务、用药指南、轻问诊、空中医院、康复随诊及家庭护理等多样化、个性化的健康服务和智能终端产品，实现为客户提供从疾病诊疗、预防保健到健康管理的全方位服务体验，满足消费者个性化需求。促进线上和线下产业的深度互动，搭建全产业链数据共享平台，发挥供应链组织能力，提升互联网平台价值，完善产业生态链格局。

马应龙作为肛肠健康方案供应商，在多年经营的基础上，目前已构建形成了肛肠健康产品/服务体系，精准满足个性化客户需求，后续我们将持续以客户需求为导向，以客户信息收集手段，强化需求分析，通过解决方案系统建设，持续为客户提供个性化、专业化、多样化的健康解决方案。马应龙主要产品或服务如图 4-2 所示。

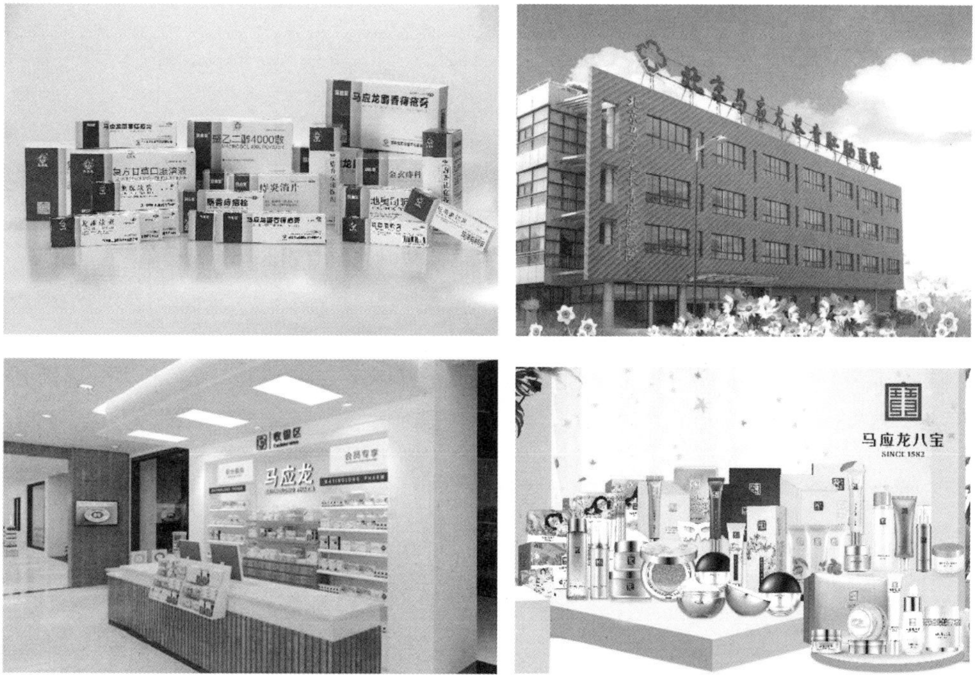

图 4-2　马应龙主要产品或服务

(3)产品交付系统。在以客户为中心的价值驱动机制中，产品交付系统是交付的责任主体，负责客户需求的物化、实现或满足。产品交付系统以确定的解决方案为载体，以汇总的需求量及时间要求为准则，通过需求分析、制订交付方案、输出产品等流程运作，帮助客户实现目标或满足需求，并能够随着企业内外环境的变化而适时作出相应调整。产品交付系统发挥交付平台资源整合的职能作用，主要包括两大板块，一是交付主体板块，以获取的产品需求信息为基础，以支持服务板块为支撑，通过对内外部产业链资源进行整合式评估，决定最优路径，制订产品交付方案，确定内部交付或外部交付方式，最终通过过程管理，实现产品需求的满足；二是支持服务板块，涉及要素包括人员、设备、工程及能源、工艺技术、质保检验、其他服务等。产品交付体系架构如图 4-3 所示。

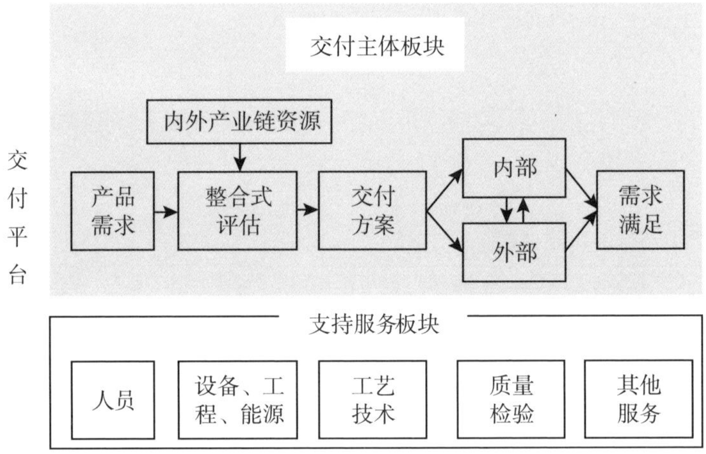

图 4-3　产品交付体系架构

在产品交付过程中，涉及两类：一类是公司内部交付系统，另一类是整合外部资源形成的外部交付系统。内部交付系统主要是运用公司内部自有资源完成的产品交付，其运行相对复杂，涉及采购管理、生产组织管理、设备管理、安全管理、质量管理、成本管理等方方面面，占有资产较重，但可控度高。外部交付主要是利用外部资源完成产品的交付，其运行相对简单，占有资产较轻，可控度偏低，从风险的有效控制出发，我们明确提出要注重相关方的考察、协议管理、订单管理、质量管理、交付管理、成本管理以及外部资源储备等。

4.2.2 营销力建设

1. 营销力含义

在产品价值同质化、服务细节化愈演愈烈的市场上，如何与消费者达成交易并将产品或服务及时送达，形成消费者体验，就是企业营销能力的体现。马应龙认为在市场竞争中，企业营销力是指通过与客户全面深入的联系，及时准确地判断把握市场发展趋势，制定实施合理的市场行为，形成人、货、场价值的相互匹配，综合运用多种营销手段，从而与客户顺利达成交易并将产品或服务及时送达的能力。

2. 营销力建设目标

马应龙营销力就是要开展“以客户为中心”的营销活动，进行有效的客户管理手段，实现价值客户的持续产出；建设高效的销售网络，提升物流、资金流的安全性和速率；强化运行网络的兼容性，实现产业间的相互协调和支持；强化监察和风控手段，实现企业持续稳定经营。

(1)保障持续稳定的客户价值变现。要实现客户价值首先要识别价值客户，持续优化完善产品的合理选配机制，强化客户体验，并运用综合手段保持与其紧密联系，实现精准营销，提高企业价值持续变现能力。

(2)实现产品与客户、场景的价值匹配。营销就是要将合适的产品在合适的时间、合适的地点传递给合适的客户，使之形成相对完美的匹配，需要营销决策设计在客户需求识别分类基础上，通过网络将产品组合进行传递。

(3)强化价值网络的效用发挥。通过不断扩张网路的广度、延展网络的深度，实现营销网络的全面覆盖，以相向、认同价值理念为基础，以客户价值评估为依据，筛选关键网络节点客户，强化合作的紧密度与黏性，挖掘深度价值，充分发挥网络功效，在提升货物流、资金流流速的同时，发挥更大辅助功效。

(4)提升网络兼容形成对产业发展支持。强化产业平台间的沟通联系，构建全面整合的信息流转和销售服务系统，提升系统间的兼容性，全面支撑产品服务从供应方到需求方传递过程中的深度数据集成，将散落在供应链全过程中的数据整合贯通，实现全局数据的快速、无阻流动，驱动数据化运营，形成广度数据链；构建强有力的产品运营通路，实现产品销售无障碍扭转，聚集全产业链资源网络，打造商业生态链。

3. 营销力建设原则

要达成营销力建设的目标，在实际经营过程中，要遵循适配性、整合性、可控性和创新性的基本原则，促使营销力系统持续、高效、稳定地运转。

(1)适配性原则。营销力建设涉及的因素众多，既有企业内部可控因素，又有企业外部不可控因素，因此企业营销力系统建设应随着企业内外环境的变化而适时做出相应调整。对可控要素，要通过对可控要素的调整、改变来消除或减少企业营销活动与其环境之间的冲突和不利影响，从而使企业营销活动与环境之间达到相互调适。对不可控要素，在一定的范围内或一定的程度上，可以通过改变或改善企业自身的战略、策略、结构、管理方式等因素去适应不可控的外部环境。

(2)整合性原则。整合性原则要求马应龙的营销活动要以客户为中心，进行系统战略营销。公司从研发到售后各环节都必须以客户为中心，贯彻一体化、组合化、优化的营销理念，将营销各个方面、各个环节、各个阶段、各个层次、各种策略加以系统规划和整合，通过成本的整合、渠道的整合、网络的整合、资源的整合、信息的整合、传播的整合等，减少成本，提高为消费者服务的水平，更好地满足消费者的需求，同时公司也在服务消费者的过程中，不断发展壮大。

(3)可控性原则。可控性原则要求营销管理采取“过程导向”，各项营销管理活动必须制度化、规范化、程序化，对营销管理的对象、管理内容、管理程序都必须以文件和制度的形式予以规范，避免营销管理过程的随意性。

(4)创新性原则。创新性原则要求马应龙以战略发展眼光认识和预见未来的发展趋势，着眼于满足潜在的和未来的需求，着眼于企业全面发展的长远利益，在营销理念、营销制度、营销策略、营销手段上进行相应的变革与创新。

4. 营销力建设内容

马应龙的营销力建设主要围绕客户管理、销售管理、网络管理、市场监察与风险控制四个方面展开。

(1)客户管理。客户是经营的核心，客户管理是在客户洞察的基础上，通过客户关系手段的综合运用，强化客户体验，争取客户需求价值与公司产品价值的高度适配，保持客户与公司的黏性，从而使得企业创造价值能够得到持续转化，是营销力系统的基础。

(2)销售管理。销售管理是公司以客户需求为出发点，以达成交易为中心，根据市场规则结合合作伙伴客户特点制定市场策略、确定销售举措，通过人、财、物等资源调配，为客户提供任何时间、任何地点、任何方式，并且体验一致的产品和服务，并实现公司资金的回笼。

(3)网络管理。根据需求满足的规划，构建消费全覆盖的网络，根据产品属性的不同，将产品组合置于合适的终端之中，不仅使客户能够按照自身意愿选择网络获取产品，并使客户能够在理想的场景中获得满意的体验。

(4)市场监察与风险控制。市场监察与风险控制是公司通过运用系统化和规范化的方法，对营销系统各单元内部控制及风险管理的有效性、财务信息的真实性和完整性、市场各项行为的规范性以及资源使用的效率、效果等进行独立、客观地审查、核实和评价，揭示与查处存在的问题，促使营销系统不断改进和提升，形成营销系统闭环。

4.2.3 品牌力建设

1. 品牌力含义

所谓品牌力，简单讲就是品牌的影响力，是品牌认知度、品牌联想度、品牌美誉度、品牌忠诚度和品牌契合度的有机统一，是消费者对某个品牌形成的概念对其购买决策的影响程度。

品牌力的提升能持续强化马应龙差异化竞争优势，提升马应龙品牌溢价能力，从而强化盈利能力；有助于提升马应龙的社会影响力，从而强化营销能力，促进在医保目录进入、招投标、价格等方面获取差异化竞争优势；能促进营销业绩增长，营销业绩提升又能强化品牌塑造，品牌与营销良性互动、相互促进。同时有助于马应龙整合资源，放大资源，有利于促进向肛肠健康方案提供商转型的优质资源汇聚。

2. 品牌力建设目标

作为一家持续经营400多年的老字号企业，马应龙依托肛肠领域的品牌影响力、产品产业的结构优势、肛肠领域市场资源的掌控能力，延伸发展大健康产业，打造马应龙成为健康方案提供商。聚焦肛肠健康核心领域，以全周期的肛肠顾客需求为导向，强化核心竞争优势，发挥资源整合能力，致力于为目标顾客提供专业化、个性化、多样化的健康方案。深耕肛肠全产业链，推进纵深专业化发展，做强核心、做大边界、做深业态、做长基业，打造千年马应龙品牌。

3. 品牌力建设原则

马应龙的品牌力建设强调如下原则。

(1)增值性原则。增值性强调能够不断扩大品牌影响力，既可以更加有效满足用户的功能需求和情感需求，又可以通过品牌经营获得丰厚的回报。对马应龙而言，品牌力建设的增值性原则主要表现为内涵的丰富带来的品牌价值提升。

(2)差异性原则。品牌力的构建过程，也是自身品牌和竞品抢占消费者心智资源的过程，在同质化日益严重的现代，如何打造自身的核心竞争力，体现品牌力的差异化，是成功的关键。对马应龙而言，品牌力建设的差异性主要表现为以独特的八宝组方和国家级非物质文化遗产技艺为核心，不断开展产品创新和品牌延伸。

(3)一致性原则。品牌力建设是个系统工程，各运营系统之间、各元素之间都是一个有机整体，必须协调一致发展，才能实现品牌力的叠加作用。反之，各元素之间相互矛盾，或者任何环节的短板，都直接影响品牌力系统工程的质量。

(4)动态化原则。品牌力的建设是一个日积月累的动态过程，品牌力的强弱也不是一成不变的，它会随着内外部环境的变化时强时弱。这就要求我们追求品牌力最大化的努力永无止境，不可懈怠。

(5)经济性原则。品牌力的建设离不开各种资源的投入，我们力求寻找一个品牌投入和品牌回报之间的平衡度，充分重视投入产出比，考虑利益的最大化。

4. 品牌力建设内容

马应龙强调通过系统化的品牌力建设，使得其认知度、联想度、美誉度、忠诚度和契合度都得到持续提升。为实现这一目标，我们主要通过品牌创建、品牌执行、品牌评估与监管、品牌提升等加以推动实现。

(1)品牌创建。对品牌进行定位和规划，制定品牌发展战略。清晰地理解品牌代表意义、形象定位、竞争优势等各个方面的内容，并利用品牌价值链工具来评估品牌资产的来源和结果。

(2)品牌执行。品牌执行就是将战略规划和定位进一步落地的过程。在马应龙，品牌执行首先是对马应龙品牌识别进行设计并规范使用，包括视觉识别系统、行动识别系统和理念识别系统；其次，根据品牌需求设计营销活动和支持方案，进行整合传播，对传播效果进行评估；再次，建立品牌资产提升次级品牌联想。品牌联想自身会和其他具有自身联想的实体发生关联，从而产生这些次级联想，进而创建属于马应龙自身的联想并建立品牌资产；最后是对品牌进行危机管理。规范品牌危机管理的流程和处置方式，避免不良事件给品牌资产带来负面影响，损害品牌形象。

(3)品牌评估与监管。品牌评估与监管强调对品牌资产的来源进行全面审查，评估品牌的健康状况，了解品牌资产的构成，监测品牌使用的合规性，并提出改进、优化品牌资产的建议和方法。马应龙为贯彻落实品牌经营战略，提升品牌价值，明确了品牌的监督管理架构，规范了品牌经营行为，健全了品牌监督管理流程，并制定了《品牌监督管理办法》，以制度和流程为依据，开展全面品牌监管工作，以促进公司降本增效，成功应对市场竞争，有效规避品牌经营风险，提升品牌内涵价值。

(4)品牌提升。对品牌资产的运营情况进行系统评价，通过设置一系列的评价指标形成定性与定量相结合的评价结果，引导品牌建设的系统性，提升品牌价值。

4.3 创新力建设

创新是企业管理的重要职能之一，要求企业在动态环境中不断调整系统活动的内容和目标，以适应内外部环境的变化。创新是对企业技术、管理、制度等进行要素的重组创造，从而有利于企业创造新价值，促进企业发展，增强企业盈利能力，提高经营效能和管理效率。创新有利于强化企业核心竞争力，是企业成长价值得以延续的重要途径。

4.3.1 创新管理职能

1. 创新管理的含义

我们将创新管理分为技术创新、管理创新和制度创新。

技术创新指的是有利于提高产品盈利能力，降低生产成本，提高生产效能等技术创新行为，包括开发新产品、引进新技术、推出新的生产(工艺)方法、改进生产或工艺流程、引入研发新模式等。

管理创新指的是有利于提高经营管理水平，增强营运能力，降低管理成本，提升管理效率等经营管理创新行为，包括经营模式创新、销售模式创新、管理方式方法创新、经营理念创新、市场开拓创新、企业文化内涵及宣教模式的创新等。

制度创新指的是有利于完善制度架构，激发企业内在发展动力，调动员工积极性等制度创新行为，包括提出和引入新制度，改进现有制度，调整制度架构和模式等。

2. 创新的特征和原则

创新必须同时具备两种特征，即创造新价值和促进企业发展。创造新价值要求凡是创新必须能够在运用过程中为公司创造新的数量或更高品质的价值。促进企业发展要求凡是创新必须与企业长期发展战略或短期发展目标保持一致性，有利于提升企业竞争实力，加快企业战略目标的实现。

创新要贯彻坚持以市场为导向、坚持以结果为目标、坚持过程受控的原则。

4.3.2 创新管理系统架构

为了加强企业创新，公司在董事会下设了创新管理委员会，并配置了创新管理专家委员会，强化企业技术创新、管理创新和制度创新，提升创新力，推动可持续发展。公司的创新管理系统架构如图 4-4 所示。

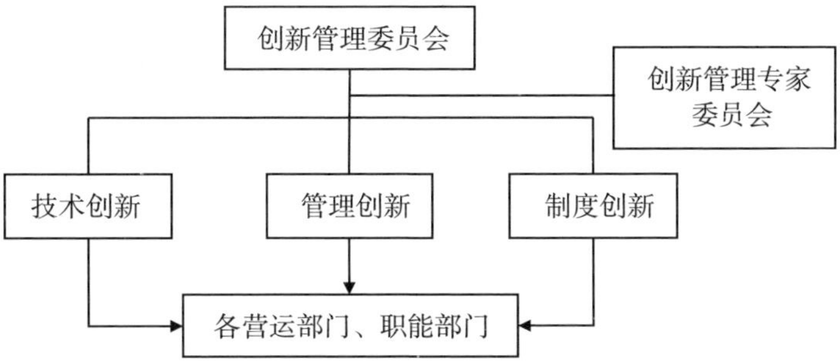

图 4-4 创新管理系统架构

1. 创新管理委员会

创新管理委员会是公司下设的专业委员会，主要负责统筹公司创新工作，制定创新目标，审核创新提案，制定相关战略，并对具体工作开展进行督导和核查。创新管理委员会一般根据实际情况设 7—9 名委员，由董事、高级管理人员及其他关键骨干人员担任，其任期与董事会一致，委员任期届满，连选可以连任。创新管理委员会下设创新管理办公室，负责创新管理委员会的日常工作，筹备创新管理委员会会议并督导或执行有关决议，常设办事机构在董事会秘书处。创新管理委员会主要包括以下职责。

(1)拟定创新战略，构建创新体系，负责创新管理相关制度的建设和完善。

(2)统筹创新工作，审核创新管理办法、流程及年度创新计划。

(3)审定重大技术改造项目的立项报告、项目计划书。

(4)审定产能规划项目计划书。

(5)跟踪创新项目进展情况，随时修正和改进项目实施方式方法。

(6)评审创新项目成果，确定奖励方式。

(7)督导创新成果的运用，督促创新方案的实施。

(8)董事会授予的其他职权。

2. 创新管理专家委员会

创新管理专家委员会，成员由技术骨干、外聘专家组成。创新管理专家委员会常设办事机构在健康研究院。创新管理专家委员会主要包括以下职责。

(1)负责技术创新管理，向创新管理委员会提交年度技术创新项目目标。

(2)初审技术创新项目提案，并提出审评意见至创新管理委员会审核。

(3)跟踪技术创新项目进展，根据技术创新项目进展情况及时提交相关建议或报告至创新管理委员会。

(4)提名技术创新相关奖励的名单或项目。

(5)统筹负责技术创新成果的应用，对技术创新成果的应用及产业化提出评估意见。

(6)完成创新管理委员会要求的其他工作。

4.3.3 创新管理系统机制

公司不断完善创新管理系统的运行机制，规范和促进企业及各级员工的创新行为。

建立创新激励机制。公司努力营造鼓励创新、勇于创新的氛围，要求各级领导要营造包容性的文化环境，保护和促进员工的创新动力。创新活动实行项目化管理，经创新管理委员会审评通过的项目，公司可以给予各项资源支持。公司鼓励经营模式创新，推行多样化的项目合作模式，实施项目合作制或股份制等各类经营模式，共享营运成果。创新与员工绩效考核挂钩，创新行为和创新成果纳入绩效考核增量加分范畴。创新加分采用员工自主申报的形式，由绩效考核领导小组负责审核，根据创新行为和创新成果对公司经营管理的贡献程度，每个创新项目可以给予一定的增量加分；职务晋升中优先考虑有创新成果的员工；公司年度先进评选中设立"创新奖"先进，奖励年度创新成果突出的先进员工。

设立创新专项基金，加大资源倾斜力度，为创新成果调研和研发提供专项资金支持。公司每年投入一定数额的资金，重点扶持一批创新项目，鼓励不同专业和类别的员工组成创新小组，结合公司经营及工作中的重点、难点和亮点，以小组方式提出创新方案。拟创新个人或团队可申请提取创新专项基金用于相关项目创新。由拟创新个人或团队提交创新项目的详细可行性报告或实施方案至创新管理委员会，经创新管理委员会审核通过后，可按照项目进度提取创新专项基金。财务管理部门对创新项目进行跟踪和专项审计，并及时向创新管理委员会提交督查报告。

建立企业技术创新体系发展纲要，并组织深化落实。技术创新体系明确技术领先战略作为主导战略品牌经营战略的重要营运战略，集中资源发展专业领域的关键技术，综合应用引进创新、跟进创新、自主创新模式积累自主知识产权和前沿技术实力，建立健全技术创新发展的体制和机制，打造产品技术领先、制造技术领先的"双领先"格局，加快研发进程和成果产业化进程，实现技术创新体系与产业技术体系的顺畅对接，力争在专业领域内中药研发技术及标准化取得实质性突破。

形成以国家企业技术中心为核心的技术创新体系。马应龙企业技术中心推行整合式研发模式，即以自主创新为主导，广泛整合社会资源，因时因地因势制宜，选用自主研发、联合研发、委托研发、产品引进等多种组织方式，加快研发进程，提升研发品质，促进研发成果的有效转化，推动成果产业化。公司从人、财、物、知识、产业化等五个方面立体打造技术创新发展体制。“人”方面主要是凝聚技术研发团队，优化人力资源配置。“财”方面主要是建立健全技术创新投入体系。“物”方面主要是逐步更新优化技术研发的软硬件设备设施。“知识”方面主要是建立知识管理体系，注重技术积累储备，强化管理知识产权保护，促进多学科知识交叉融合，推动企业内部知识传承与创新。“产业化”方面主要是打造基于企业内部产业资源的产业技术体系并实现与社会性产业技术体系对接，加强产学研合作，加快成果产业化。

4.3.4 企业技术中心

为构建以客户为中心的价值驱动机制，完善解决方案系统，公司以国家企业技术中心为依托，对研发中心进行结构重组，设立了健康研究院。重组后的健康研究院下设综合管理部、市场信息部、国际信息联络中心、肛肠药物研发部、综合药物研发部、创新药物研发部、大健康产品研发部、质量研究部、技术工艺部、医学事务部、肛肠诊疗技术研究院、技术创新平台和科研工作站。其中，国际信息联络中心下设北美、欧洲和日本三大信息联络中心，肛肠诊疗技术研究院下设若干临床试验基地，技术创新平台下设肛肠药物工程技术研究中心、经皮给药技术研究中心、缓控释给药技术研究中心和共建实验室，科研工作站下设院士工作站和博士后工作站。健康研究院主要职责如下。

(1)收集和分析客户需求信息，发现客户需求。

(2)制定药品、大健康产品、新型诊疗技术引进和开发规划。

(3)组织开展药品、大健康产品、新型诊疗技术的立项、引进和研究开发工作。

(4)组织开展已上市产品的二次开发、技术改进和质量提高工作。

(5)组织开展新上市产品的学术推广。

(6)建设药品、大健康产品研发平台。

(7)建设科研工作站、国家企业技术中心。

(8)履行公司部署的其他职责任务。

健康研究院的组织架构如图 4-5 所示。

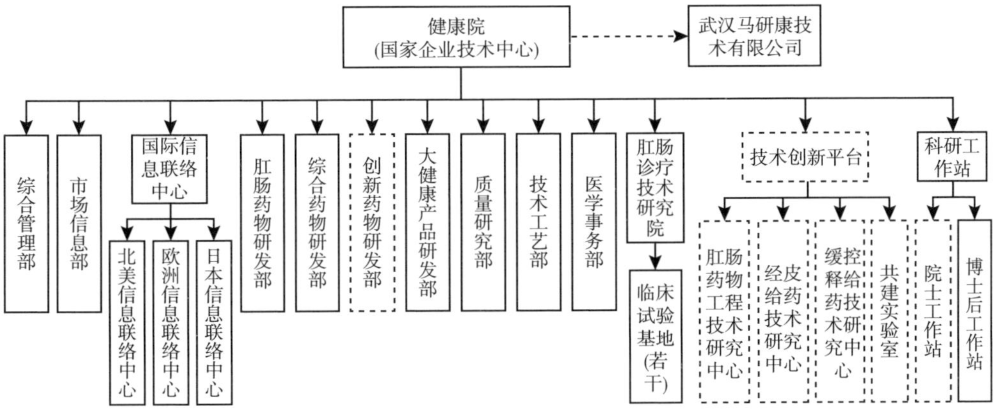

图 4-5　健康研究院组织架构

为进一步推动研发创新，公司进一步丰富专业团队，大量引进硕士、博士等高端人才，中心技术团队涵盖中药提取、药物合成、药物制剂、药物分析、药理毒理、临床评价、学术推广、保健食品、化妆品开发等领域，具备中药、化药、功能性食品、功能性化妆品的设计和开发能力。同时，公司建立了完善的产品开发和质量保证体系，建立了企业技术中心完善的运行机制，充分考虑了健全的项目开发管理的相关要求。对各研究中心、各部门和合作研发机构的运行实行集中管理和集中考核。制定了一系列运行机制，如信息情报机制、创新决策机制、项目管理机制、激励机制、约束机制、客户关系管理机制、危机管理机制、知识产权保护机制、对外合作交流机制，等等。

案例 4-2：

近 5 年来，马应龙健康研究院研发药品项目 37 项，15 项已获得生产批件，实现上市销售；5 项已获得临床批件，正在开展临床研究工作；完成 160 余个产品资源引进；完成 49 个大健康产品的研发及上市工作，为公司每年新增销售收入上亿元。累计取得专利证书 133 项，获得授权商标 321 个。

4.4 控制力建设

对于任何企业而言，由于受到企业外部环境的非可控性、企业掌握信息的非充分性、企业与市场关系的变动性、企业内部资源的互动性及企业动态性等内外部因素影响，企业总是和风险相伴而生。如何采取有效的对策控制企业的经营行为，降低经营风险是企业必须思考的问题。企业想要持续健康发展，必须加强自身控制力建设，确保在内外部环境发生变化时，能够及时应对、准确处理，把握变化影响，赢得发展机遇。马应龙通过加强企业文化建设、优化协调机制建设、实施全面风险管理等，构建成长价值的保障性系统，推动企业实现可持续发展。

4.4.1 企业文化建设

企业文化是公司得以持续发展的精神源泉。企业文化建设对内致力于形成凝聚力和向心力，对外致力于发挥影响力和背书效应，可以说企业文化是马应龙一直以来持续发展的重要支柱。员工和投资者首先要认同公司企业文化，才会认同公司的发展。

1. 企业文化核心体系

优秀企业的经营，归根到底是文化的经营。马应龙自创立以来的 400 多年间，虽历经各种风雨沧桑、动荡飘摇，但却从未间断过经营，这在中国企业界是非常罕见的，这也正是企业文化基因作用的结果。通过 400 多年历史文化的积淀、传统中医中药文化的滋养、现代社会思想意识的融入，马应龙逐步形成了具有自身特色的企业文化核心体系，即“1+3+4”，

“1”指“龙马精神”的企业精神，“3”指哲学观、价值观、经营观，“4”指四个创造的经营宗旨。

(1)企业精神：龙马精神。在马应龙，“龙”寓示着远大的理想，坚定的信念，执著的追求，发现规律进而驾驭规律，与时俱进，处理好人与自然、人与社会的关系。“马”寓示着脚踏实地，以包容的胸怀厚积德行，尊重规律同时顺应规律，真诚实在做人，勤劳踏实做事。“应”的意思是龙与马的呼应，寓示着包容、虔诚的品德与踏实、奋发、向上的精神相结合，远大理想与踏实肯干相结合。我们所倡导“龙马精神”，正是追求马的德范与龙的精神相呼应，追求行为与理念、务实与务虚的相统一，追求人与自然之间“天人合一”的和谐，追求人与社会之间“人人为我、我为人人”的和谐。

(2)“三观”：哲学观、价值观、经营观。“以真修心、以勤修为”的哲学观。强调真诚实在做人，勤劳踏实做事，这是马应龙人行为的根本依据。真是第一道德。真善美是道德的起点，唯真才善，唯真才美，唯真才坚。“真”要求马应龙人在炮制药品时务求真材实料，为人处世时务求真心实意，待人接物时务求真诚信达，学习时务求真知灼见，探索时务求真理真谛，评价时务求实事求是。勤是第一方法，任何方法，无论多么精巧，必须以勤为起点。求真必勤，“勤”要求马应龙人勤勉务实，脚踏实地，一丝不苟，自强不息。天道酬勤，一分耕耘，一分收获。马应龙经历400多年的风雨沧桑，依然青春不老，保持着旺盛的生命力和坚韧的适应力，“以真修心，以勤修为”是击水中流的砥柱，是400多年文化积淀的结晶，也是马应龙保持持续快速健康发展的深层次原因。

“资源增值”的价值观。增值的内涵直接表现为创造、创新、贡献、进步，间接表现为使各种利益主体均获得可持续的、公平的、最大化的利益增值。资源增值是企业经营活动的本质内涵，也是企业经营活动的目标追求，其必然成为判断企业经营决策的基本标准，必然成为衡量企业价值和个人价值的主要标准。资源增值的关键是注重效率与效果，注重投入与产出，注重增量与贡献，实现有效的经营成果，促进马应龙的健康发展。

“稳健经营、协调发展”的经营观。稳健经营，协调发展，是对过去二三十年发展脉络的总结，也是对未来发展导向的概括。树立科学的发展观，追求可持续发展，追求协调发展。注重各利益主体之间关系的协调，注重经营要素与经营能力的协调，注重长期利益与短期利益的协调。稳重，踏实，平衡各方面关系。塑造稳健的经营风格，追求脚踏实地的工作作风。在决策层面上，尊重规律，顺应规律，驾驭规律，科学决策，反对投机。在财务层面，推行稳健的财务政策，追求有效的经营成果。在沟通和控制层面上，将量化控制作为主要的管理手段，将沟通协调作为核心的管理环节。

(3)经营宗旨：四个创造。奉行“为顾客创造健康，为股东创造财富，为员工创造机会，为社会创造效益”的经营宗旨。在马应龙，天是客户、地是股东、人是员工，追求天地人合一，也就是追求客户、股东、员工的协调发展，我们希望通过为客户创造健康而获得客户忠诚，通过为股东创造财富而获得股东信赖，通过为员工创造机会而获得员工敬业，通过为社会创造效益而获得和谐稳定的企业发展环境。通过马应龙的经营活动，使得各利益主体均获得可持续的、公平的、最大化的利益，构建稳固的利益关系平台。

(4)三维三力价值创造系统。那如何经营才能促进多元利益主体持续协调发展，并最终获得客户忠诚、股东信赖和员工敬业呢？我们建立了三维三力价值创造系统。三维三力价值创造系统是在产品经营平台上构建的以方针管理为轴线，以客户、股东、员工为经营对象，致力于影响受众，为其创造价值的经营系统，是马应龙文化理念在经营上的体现。

①构建在产品经营平台之上，通过产品来经营客户、股东、员工，谓之“三维”，即构建以客户、股东、员工为经营对象的三维立体平台。

②将企业核心竞争力转化为对于受众的影响力，谓之“三力”，即对客户的产品力、营销力、品牌力，对股东的公信力、创造力、发展力，对员工的压力、动力和活力，以获得客户忠诚、股东信赖、员工敬业。

③通过方针管理模式来引领、组织、协调，强化决策力、执行力和协调力。

期效益与短期利益的有机结合。“稳健经营，协调发展”的经营观从经营的方法出发，回答了“如何经营”的问题，其结果是有效地规避了经营风险，策略性地缓和了经营过程中出现的各种矛盾，针对性地解决了发展过程中的“短板”和“瓶颈”，增强了企业自身的控制力。具体如图4-6所示。

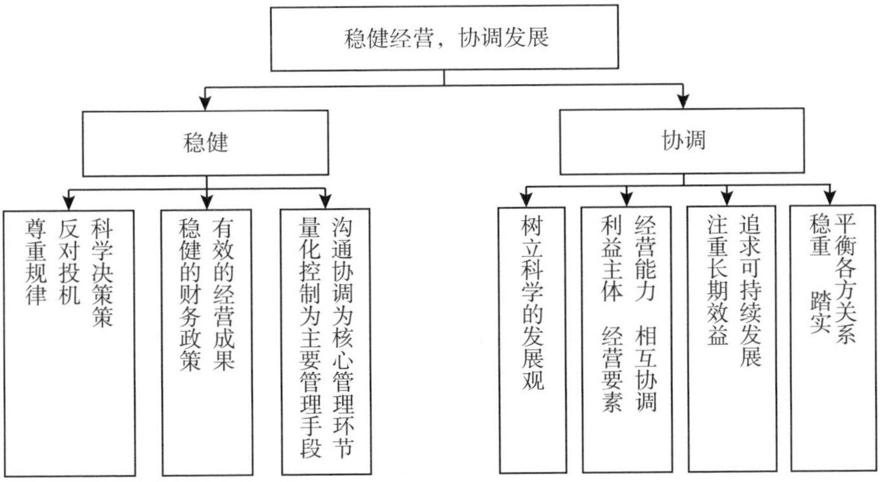

图4-6 “稳健经营，协调发展”主要内涵

2. 加减优化，提升效率

加减法是企业经营的基本策略和方法。企业的营运过程是极其复杂的过程，涉及内、外部环境及各种经营要素的协调与平衡，既要积极应对外部环境及客户需求的变化，又要组织协调资源要素与运营能力的匹配，化解资源有限性与市场无限性之间的矛盾，而这些优化、协调、匹配和平衡的过程实质上就是加减的过程。马应龙实施“加减法”是围绕企业的战略定位和战略目标，以创新和优化为主线，在经营与管理的各层面、各环节立体纵深推进，从经营上讲，包括产业、产品结构的设计与调整；供、产、销及研发机制、体系、模式的建立与完善，以及组织营运、经营模式的正常运行。从管理上讲，包括人、财、物、行政等方面的协调安排及有序运行。

(1)提高经营效能，降低经营耗散。在产业方面，完善产业结构，调整经营功能，增强并发挥各产业的比较优势，克服并扭转比较劣势。在产品方面，明确细分市场定位和目标客户导向，调整产品结构及项目结构，增加高成长、高效益、高产出的产品及项目，剔除无效益或处于衰退期或面临重大经营障碍的产品及项目。在研发方面，积极推进技术创新体系建设，加强风险管理和效果评估，努力提高研发的有效性，避免脱离市场需求，减少创新风险。在销售方面，强化市场导向机制，优化营销网络，加强对市场的掌控能力，以及差异化的营销策略培育并巩固优势。在生产方面，不断提高生产经营的精细化、标准化、规范化，确保高效及时、保质保量满足销售需求。在运营方面，强化营运协同，提高营运能力，增强各营运环节的统筹和衔接，避免失控或脱节。

(2)增强管理效率，克服管理低效。在人事方面，优化人力资源结构。在总量合理调控的前提下，人力资源要优先向营运单元倾斜，增大一线人员和业务人员的占比，精简二线人员、行政管理、后勤保障及其他辅助性部门的人员配备，经济定员，提升人均产出水平。在财务方面，促进资产负债结构及财务状况的均衡协调，着力优化各类结构性财务指标的勾稽关系和匹配水平，提升整体财务价值；增加经营性资产，减少非经营性资产，加快变现处置低效、无效和负效资产。在资金方面，完善投融资体系，广泛整合社会资源，拓宽融资渠道，创新并构建多元化融资体系。在支出方面，严格控制费用，努力降低成本；从费用项目分类入手，对所有费用进行分析，实行计划管理。在行政方面，优化组织体制，精简业务流程，根据内外部环境变化，及时调整组织架构和管理体制，确保组织架构跟随发展战略的适应性，克服组织架构抑制发展战略的副作用。

3. 练内功，以不变应万变

当前外部环境复杂多变，企业要想实现可持续发展，需从品质、效率、成本上下工夫，练内功以不变应万变。

(1)强化品质。品质是企业生存的基础。品质主要表现在两个方面，一方面是产品的性能、质量要好，这体现了企业的技术水平和制造能力；另一方面是产品价值要与客户或市场需求相吻合、匹配，这是品质的市场竞争力。故此我们提出马应龙在强化品质时，要坚持客户导向，提升品质；坚持规范管理，量化评估；坚持系统管理，明确责任。

①追求精益求精的极致客户体验。全面推广精益求精、追求卓越的“工匠精神”；完善市场洞察机制，利用公司全产业链资源，联动客服销售系统、产品交付系统和解决方案系统，搭建基于以客户为中心的市场调研体系，强化对客户需求的深度解读；成立跨部门的体验式营销工作小组，切实推动体验式营销工作；强化客户需求导向，不断完善从发现客户需求到满足客户需求的循环运营机制和流程，完善以客户为中心的价值驱动机制；全面推广精益管理。

②完善覆盖全产业链的品质管理体系。强化各级营运单元的质量意识和品质文化建设；以提升客户感知价值、确保品质安全为基本目标，建立和完善覆盖药品制造、药品流通、医疗器械、诊疗板块、中药饮片、功能性化妆品领域等全产业链的品质管控模式，切实强化品质管控成效；落实质量受权人制度，强化质量安全责任；积极跟进监管形势变化，强化各环节的质量预警机制。

③注重品质管理的过程标准化建设。强化卓越绩效管理体系在各板块的应用，持续完善自查、总结、改进和提高的良性循环模式，及时发现和修正管理薄弱环节，提升品质管理效率，防范品质安全风险；提前兼顾考虑市场定位、原料供应问题、生产工艺问题、质量标准问题、后期营销等相关事宜，提高产品资源前端环节的预规划；严格生产过程监督，强化标准化管理，确保产品生产和质量控制活动符合标准化建设的要求。

(2)提升效率。效率是企业发展的关键。资源有限性与需求无限性是人类社会最基本矛盾，这就要求社会经济活动要以最少的资源消耗获得最大的经济效果。企业的本质是资源转换器，其核心功能就是配置资源、转化资源和实现价值。企业经营者基本职责是通过机制设计、流程安排和组织运作实现资源效用的最大化，其实质就是提升效率。效率是耗费单位时间或单位资源的产出，从组织运营的角度，提升效率可从三个层面着手。

①深化“四定”，提升岗位价值与效率。通过定事、定岗、定人、定薪的管理流程，实现做正确的事，把事做得有效率。

②强化战略导向机制，构建“以客户为中心”的价值驱动系统，提高组织执行力和创造力。战略是要确立企业和组织的定位、方向与实现目标路径，其核心目的是要形成有利的市场地位和比较优势。通过方针管理模式促进企业战略管理、运营管理和人力资源管理的有效对接，提高组织决策力、执行力和协同力。

③创新模式，提升营运效率。改变传统全流程、多环节、长周期的生产经营方式，集中资源发展优势领域，整合社会资源，减少经营环节，积极探索商业模式创新，扩大产出水平。具体而言包括：挖掘网络功能，提升平台价值，由产品经营向平台经营转换，由自制产品向代理产品扩展，由药品治疗向健康管理延展，通过扩大经营范围、调整经营方式提高平台的产出水平。实施杠杆经营，促进证券化，借助社会资本力量和证券市场功能促进企业上规模、上台阶。促进线下、线上业务互动与融合，公司现有产业布局涉足于多种业态，工、商、医疗、大健康，既有实体经营，也有互联网业务，促进资源共享、业务互动的协同效应是提升效率的重要途径。构建“共建、共享、共担”的合伙机制，吸纳、整合、嫁接社会技术、渠道、品牌等优势资源，提高产出水平，构建商业生态链。

(3)控制成本。成本是传统企业生存的底线。为应对外部成本压力，缓解内部资源有限性与产品服务多样化的矛盾，进一步提高企业持续盈利能力，马应龙积极实施战略成本管理，建立以客户为导向的成本管控方式，围绕企业价值链的各环节成本进行分析改善，建立持续改进的成本管控流程，提高产出成效；深入实施全面预算管理，提高资源和资金的使用效率。并进一步提出“八个基于”的战略成本管理要求。

(1)基于全过程的管控，确定成本核算范围和管理边界。

(2)基于财务核算精细化基础的数据支持，构建目标成本管理体系。

(3)基于成本优势，完善项目立项评估机制。

(4)基于成本持续改善，促进工艺改进、流程再造和模式创新。

(5)基于价值创造，完善成本价值评估机制。

(6)基于流程化的成本管控，控制各环节成本指标弹性和审核权限边界。

(7)基于反腐倡廉的行为准则，堵塞行为漏洞，规范管理行为。

(8)基于落实事实、责任到人的工作方法。

4.4.3 全面风险管理

全面风险管理的目标是确保公司经营管理活动持续健康营运，规避和减少风险可能造成的损失，保障战略目标的实现。

1. 全面风险管理原则

公司在实施全面风险管理时，需遵循以下原则。

(1)全面性原则。构建全产业链的风险管控机制，尤其是财务、质量、品牌等重点领域，必须基于全产业链构建风险防控体系；防风险促转型工作是覆盖公司各单位、各子公司及所有业务领域，针对公司各个业务、岗位和部门，并渗透到决策、执行、监督、反馈等各个环节，不应存在空白或遗漏环节。

(2)预防性原则。防风险的基础就要尽可能准确、早期识别和监测可能发生的风险，在评估风险发生可能性和影响程度的基础上，制定适宜的应对策略和预案。尤其是新增业务领域或新进项目，必须建立相应的风险管理政策。

(3)权衡轻重原则。要求对风险的性质、风险程度作出合理评估，并结合企业管理、财务等综合能力以及转型升级和经营发展的实际情况。

(4)避免超载原则。要求在风险管理过程中，必须实施分类管理，对于重点环节风险管理进行监控，科学评估风险发生的可能性和风险影响程度，避免过度防控风险，同时也要防范发生超出企业承受能力的经营风险。

(5)转型发展与风险管控并举原则。风险管控的一方面是查缺补漏，消除管理漏洞，防范薄弱环节；另一方面必须从根本上升级和转换发展方式，通过经营模式或管理方式的根本性转变从源头上杜绝风险隐患。

2. 全面风险管理架构

公司全面风险管理组织体系是以董事会为领导，以首席风控官领导的风险管理委员会为核心，由各职能部门和业务单元的自控、专业职能部门的互控、风险管理办公室的监控共同构成。全面风险管理实行分级管理，建立五层架构包括：董事会、风险管理委员会(首席风控官)、风险管理办公室、风险互控部门和自控部门，在各自的职责范围内履行风险管理的职责。全面风险管理体系组织架构如图 4-7 所示。

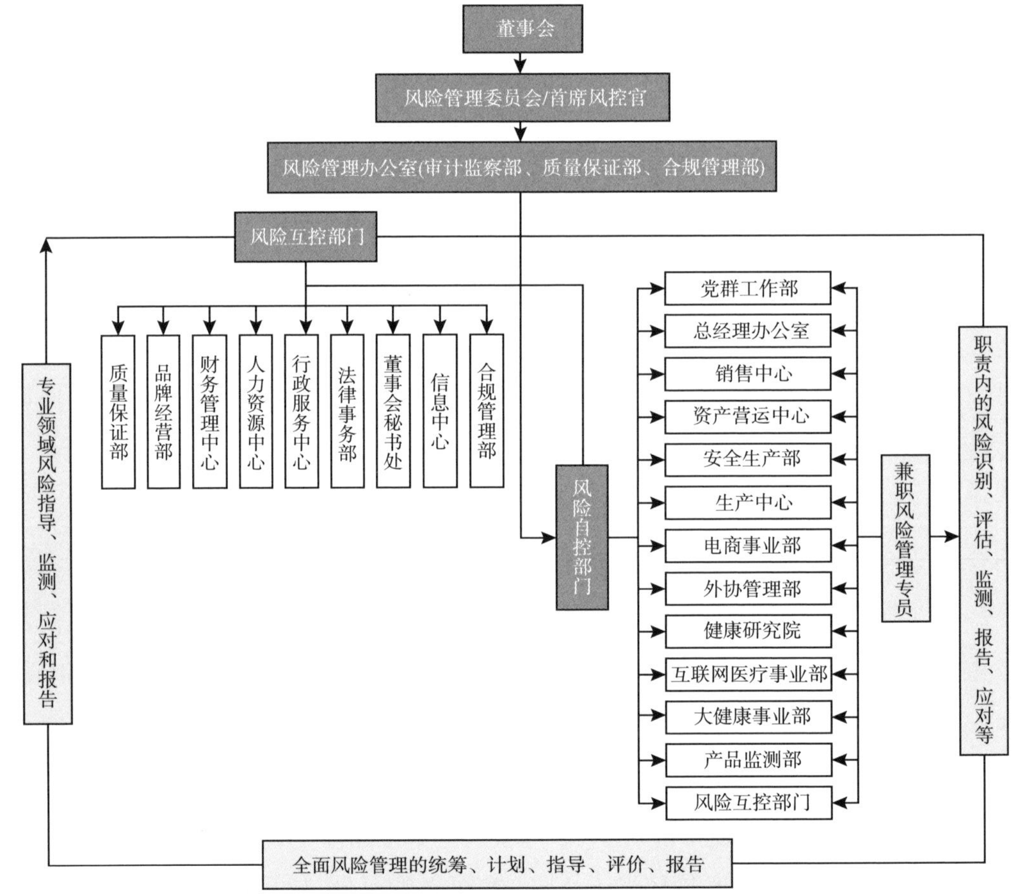

图 4-7 全面风险管理体系组织架构图

(1)风险管理委员会。风险管理委员会是公司董事会下设的专业委员会，主要负责研究制定公司总体风险管理制度，完善公司风险控制体系，指导、协调、监督公司经营管理和业务运作中对内部风险控制制度的实施情况，统筹公司危机公关和舆情风险监控工作。

(2)风险管理办公室。风险管理办公室负责风险管理委员会日常工作协调、联络、会议组织等，常设机构在审计监察部、质量保证部和合规管理部，负责推进全面风险管理工作，制定风险管理制度及配套细则，对公司各职能部门的全面风险管理工作进行组织、协调、沟通、监测、检查和报告，核实和揭示重大事项风险，并对业务决策提供风险管理建议。

(3)风险互控部门。风险互控部门是指在部门职责对口领域内对其他部门职能运营工作负有统筹、指导及监督管理职责的专业部门，可协助自控部门识别、评估和控制某一类型的风险，确保风险管理的有效性。集团风险互控部门包括但不限于董事会秘书处、财务管理中心、品牌经营部、质量保证部、行政服务中心、法律事务部及人力资源中心等，负责从专业角度参与风险管理过程，审核、指导、监测和报告各职能部门执行归口业务存在的风险并提出应对策略，对归口业务决策提供风险管理建议。

(4)风险自控部门。风险自控部门是指根据部门职责，在业务运营中对自身职能范围内的风险点采取各种措施减小风险事件发生的可能性，或者把可能的损失控制在一定范围内，以避免在风险事件发生时带来的难以承担损失的职能部门，通过风险自控，对本部门风险管理有效性负责。集团风险自控部门为公司各职能部门及业务单元，负责落实本部门的风险管理具体工作，包括风险识别、评估、应对、实施、监测、改进及报告等，执行公司风险管理策略和措施，接受风险管理办公室或互控部门的组织、协调、指导、监督和考核等。

3. 全面风险管理机制

为进一步落实全面风险管理，在构建全面风险管理体系架构的基础上，公司还建立了一系列的制度细则等，如《风险信息动态监控管理细则》《供应商风险监控管理细则》《法律法规风险管理办法》《危机管理办法》《风险信息动态监控与评估管理细则》。同时进一步明确了全面风险管理的工作流程，强化全面风险管理成效，主要包括风险识别、风险评估、风险应对策略制定及实施、风险监控报告及预警、突发重大风险事件应对等。

(1)风险识别。风险识别是指用感知、判断或归类的方式对企业现实的和尚未发生的潜在风险进行系统的归类分析，从而加以认识与辨别的过程。风险识别是风险管理的第一步，也是风险管理的基础。公司各职能部门在日常工作中，根据实际，充分、持续地收集本部门的内外部相关信息，包括历史数据和未来预测数据，并进行整理和记录，通过内部讨论、问卷调查、自我评估等方式，围绕工作目标对所面临的内、外部风险进行辨识、分析，按统一规范对风险进行评级和分类，形成《风险识别清单》，建立风险数据库。风险管理办公室负责组织、协调、指导和推进各职能部门的风险识别工作，督促各职能部门识别出重大的风险。

(2)风险评估。风险评估是指在风险事件发生之前或之后(但还没有结束)，量化评估该事件给公司经营、财产等各个方面造成的影响和损失的可能性。公司各职能部门应及时分析所处的内外部风险环境，对识别出的风险采用适合的方法进行定量或定性分析，评估出本部门的重大风险，形成风险评估报告或风险控制矩阵。风险管理办公室定期组织开展公司的风险评估工作，负责从风险数据库中整理重大风险事件列表，制定风险评价标准，并根据风险事件的来源、影响范围、管理需要等确定参与评估的范围；通过对各类风险的综合分析，形成公司的重大风险评估结论。视需要，组织实施对重要业务活动或重大决策事项专项风险的评估，必要时可聘请专业人员进行风险评估。公司各职能部门应对风险管理信息实行动态管理，定期或不定期实施风险辨识、分析、评价，以便对新的风险和原有风险的变化重新评估。

(3)风险应对策略制定及实施。风险管理策略是指根据公司内外部环境及发展战略确定的全面风险管理总体方针准则，包括风险偏好、关键风险指标及其警戒值、针对重大风险的总体应对策略以及风险管理资源的配置原则。总体应对策略分别为以下几种。

①风险承担，即接受风险维持在目前的水平。

②风险规避，即通过不再参与导致风险发生的活动而避免风险，从而消除企业所面临的损失风险。

③风险转移，即将风险转移给有承担风险经济实力的、独立的交易方。风险转移的方式通常有保险、再保险、证券化等。

④风险降低，即通过实施一些政策和程序，直接降低风险事故发生的概率或减少损失幅度，或者两者兼而有之，将风险降低至可接受的范围之内。

风险管理办公室针对年度风险评估结果和公司的发展战略，根据重要性，组织研究制定和调整风险管理策略，报风险管理委员会审议。各职能部门负责人负责组织实施经审议通过的风险解决方案，制订可执行的实施计划，落实到制度、具体岗位或业务流程，并跟踪执行情况。

(4)风险监控报告及预警。公司各职能部门应对自身管理的重大风险和相关风险持续进行日常监控，开展风险监控时应关注：关键风险指标的变化情况、新出现的风险或原有风险的重大变化、既定风险应对方案的执行情况及执行效果。各职能部门应对风险监控结果进行分析评价，包括风险变化的原因、潜在影响、变化趋势以及对跨部门风险应对方案的调整建议等，并将监控及分析结果汇总提交风险管理办公室。当风险监控分析结果中关键监控指标达到预警值，各职能部门应及时向风险管理办公室报告，积极采取防范措施，并将实施结果及时提交。风险管理部门负责组织对各环节风险管理的执行情况进行检查，并对执行效果进行评价，提出改进意见。风险管理办公室根据风险监控信息，编制《风险管理年度工作报告》，提交风险管理委员会审议。

(5)突发重大风险事件应对。各职能部门在日常风险监控中，如发生重大突发事件，负有主要职责的部门在其他部门协助下，提出应急预案采取应对措施，并及时向风险管理办公室和风险互控部门报告。风险管理办公室在接到公司职能部门的突发风险报告后，及时组织评价突发事件的影响，制订风险应对方案；对可能造成重大影响的风险，以及需要跨部门协作应对的重大事项，由首席风控官统筹制定和实施。

(6)风险管理的监督与考核。风险管理的监督与考核是指对风险管理的效果和效率进行持续监督与考核评价，包括对风险管理工作执行及任务完成情况的定期检查、考核，根据监督或考核结果，对全面风险管理工作进行改进与提升。风险管理办公室组织对各职能部门的风险管理工作进行监督检查，制定风险管理考核办法和考核标准，并开展考核评价工作。

4.5 发展力评价

发展力系统构建的是企业持续发展的能力，所以我们在评估时考量的是企业持续发展指标。发展力评价指标如表 4-1 所示。

表 4-1 **发展力评估模型**

评估项目	指 标 说 明
一、竞争力	
(一)产品力	
产品性价比	客户对公司产品的主观、综合感受
引入新产品数量	每年引入的新产品数量
产品满意度	公司产品满足客户需求的程度
(二)营销力	
市场占有率	本公司产品销售额占市场所有此类产品销售额之和的比例
销售回笼	向经销商出售产品而获得的现金流入
终端人均产出	终端人员人均销售额
(三)品牌力	
品牌认知度	包括第一提及、其他提及以及提示后提及
品牌满意度	客户对整个品牌表现的满意指数
品牌忠诚度	客户对品牌的忠诚程度
二、创新力	
研发投入水平	研发投入占销售收入的比例
新产品销售贡献率	每年新推出市场的产品销售收入占总销售收入的比重
发明专利数量	包括商标专利、发明专利等知识产权的享有数量
取得阶段性成果的研发项目数量	取得临床批件或生产批件的研发项目数量
三、控制力	

续表

评估项目	指 标 说 明
企业文化体系建设情况	评估企业文化体系建设完备度
企业文化影响力	评估企业文化在公司内部和外部的影响
企业经营效率	企业经营活动中投入资源与产出之间的对比关系
风险鉴别能力	评估风险管控和风险识别能力
风险处理能力	评估风险发生时的应对和反应能力

1. 指标说明

发展力评估指标侧重于评价公司竞争力、创新力和控制力。指标构成中，分为竞争力评估指标、创新力评估、控制力评估指标。发展力指标列表仅是为公司发展力水平提供参考和评估。

2. 发展力的绩效考核

发展力体现的是企业的成长价值，考量的是企业未来的价值创造能力，但是明确预测未来的成长性非常困难，因此，我们采用过去的成长性指标来反映企业的成长能力。在公司的年度绩效考核体系中，通常在目标设定时，我们会充分评估关键财务指标的年度成长能力，在存量水平中，考虑成长增量范畴。同时，根据公司董事会的任期，会对每届董事会的工作情况进行考核，并着重分析成长价值的表现情况，作出详细的纵向和横向对比分析，确保公司发展力的构建和强化。

5. 投资者经营的绩效管理

绩效管理是马应龙方针管理模式的重要一环，是公司目标达成和实现的有力保障工具。投资者经营作为公司三大经营系统之一，也是绩效管理的主要内容之一。

5.1 绩效管理概述

5.1.1 概述

马应龙的绩效管理是在根据《经营纲要》的公司绩效目标要求，结合方针指导原则，协调、组织、引导公司各单元、各层级依据自身工作的特点，对绩效目标任务进行层层分解，制定相关绩效责任书，并根据公司对绩效管理的相关规定对各单元绩效责任完成情况进行监督、跟踪和适时调整的工作系统。

绩效管理通过对目标的分解和达成过程中的跟踪及控制，做到对公司目标进度的管理和控制，及时发现问题并进行调整，从而确保公司工作能够稳步有序地开展。

5.1.2 目标

绩效管理是将公司经营目标进行逐层分解，通过各层级绩效计划制订、实施、分析、考评等手段，最终不断提高个人和企业绩效的过程。对于投资者经营而言，是要通过公司绩效管理平台，发现和改进公信力、创造力和发展力建设过程中的弱点和不足，提升投资者经营的效率和水平，从而达到提高企业价值和股东价值的目的。

5.1.3 原则

投资者经营的绩效管理遵循协同推进原则、目标明确原则和结果导向原则。

(1)协同推进原则。投资者经营的绩效管理是纳入公司绩效管理的整体运行，是绩效管理的重要组成内容之一。为了确保投资者经营落到实处，必须把投资者经营的绩效管理与公司常规绩效管理有机结合，充分发挥绩效管理的督导和协调作用，达到协同推进的目的。

(2)目标明确原则。目标明确原则要求投资者经营的绩效目标的设定必须明确到人，责任到人，做到相关部门和员工人人都有明确的考核目标和考核内容，投资者经营绩效考核应该是从上至下、层层分解、层层落实。

(3)结果导向原则。绩效考核必须坚持结果导向原则。投资者经营的目标就是追求投资者感知价值的提升，追求企业价值和股东价值的提升。

5.2 投资者经营的评估指标

投资者经营的绩效管理中，最重要的就是绩效考核的目标设定，也就是评价指标的问题。

投资者经营包括公信力建设、创造力建设和发展力建设三个方面，投资者经营的评估指标依据这三个方面的具体内容展开。

5.2.1 评估指标体系

我们将投资者经营系统的评估指标分为三级。

一级指标为经营内容，是对投资者经营的“三力”系统经营内容的概括和总结。

二级指标为评估指标，是评估投资者经营“三力”建设情况的主要指标，是依据经营内容展开的。二级指标用于反应“三力”系统的各个维度的发展状况，公司依据二级指标内容可年度或者每隔几个年度对公司“三力”系统的建设情况进行总体评估。

三级指标为年度考核指标，是对二级指标的进一步细化和延伸。与二级指标相比，三级指标更为具体化，更具针对性，是指导和要求公司各级员工具体工作内容的指标，纳入公司高管和员工的年度绩效考核内容。

公司根据二级指标的内容，定期评估投资者经营的三力建设水平，找出投资者经营过程中的弱项和不足，再结合公司发展战略规划和年度经营纲要的要求，确定投资者经营的年度目标和工作内容，形成三级指标，并逐级分解到各部门和员工的绩效考核目标中。我们致力于把投资者经营落实到具体的工作和实际中，才能真正把投资者经营的三力系统建设落到实处，从而取得投资者经营水平的整体提升。评估指标体系如图 5-1 所示。

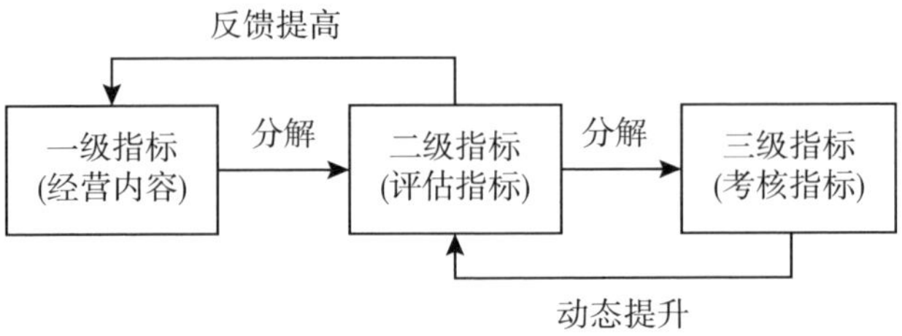

图 5-1　评估指标体系

5.2.2　三力评估指标

下面将列出投资者经营系统的三力系统评估模型，实际上，各级指标会定期根据内外部环境的变化进行动态优化和调整，其中三级指标是根据二级指标(即评估指标)的实际情况以及年度目标的要求而制定，因此，每年都会动态更新并且根据经营实际情况随时动态调整，下表仅列出三级指标的部分指标，用于参考。

1. 公信力评估指标

公信力评估指标如表 5-1 所示。

表 5-1 **公信力评估指标**

一级指标（经营内容）	二级指标（评估指标）	三级指标（考核指标）	主要考核部门
1. 公司治理水平	1.1 法人治理结构	1.1.1 密切跟踪法律法规变化，确保公司法人治理结构合法合规	董事会秘书处
	1.2 组织架构与经营的适应性	1.2.1 评估公司经营流程与环节，结合内外部市场变化，优化调整公司组织架构	董事会秘书处
	1.3 内部审计水平	1.3.1 完善内部审计制度	审计监察部
		1.3.2 强化子公司审计，针对审计发现的问题，提出处理意见和建议	审计监察部
		1.3.3 组织对公司销售和生产环节的专项审计	审计监察部
	1.4 业务流程完善情况	1.4.1 优化管理环节业务流程，提高管理效率	各部门
	1.5 风险管控能力	1.5.1 密切跟踪外部环境的变化，及时评估外部风险，并提出针对性措施	董事会秘书处
	1.6 信息与沟通	1.6.1 完善信息管理制度，强化内部信息流转，并针对性提交专题研究报告	信息中心
2. 信息披露	2.1 信息披露质量	2.4.1 确保信息披露的真实、准确、完整、及时、公平，未被监管机构谴责或批评	董事会秘书处
		2.4.2 充分利用信息披露平台，强化与投资者的深入沟通	董事会秘书处
3. 投资者关系管理	3.1 股东忠诚度	3.1.1 定期分析公司主要股东的变化情况	董事会秘书处
	3.2 分析报告数量	3.2.1 维护与投资者、财经媒体、分析师等的良好关系	董事会秘书处
	3.3 沟通渠道易达性	3.3.1 优化完善投资者沟通平台	董事会秘书处
	3.4 高层参与度	3.4.1 及时回复投资者问题，并定期汇总	董事会秘书处
		3.4.2 针对性组织公司高层培训	董事会秘书处
		3.4.3 定期组织公司高层与投资者的沟通，确保沟通的顺畅进行	董事会秘书处
	3.5 投资者关系组织设置	3.5.1 完善投资者管理的流程和制度，提升所属部门的管理效率	董事会秘书处

续表

一级指标（经营内容）	二级指标（评估指标）	三级指标（考核指标）	主要考核部门
4. 社会责任管理	4.1 每股社会贡献值	4.1.1 优化员工薪酬管理	人力资源中心
		4.1.2 利用马应龙慈善基金平台，统筹组织对外捐赠工作	党群工作部
		4.1.3 确保公司生产达到环保要求	生产中心
	4.2 社会责任运作架构	4.2.1 完善以马应龙慈善基金为核心的社会责任运作架构，提升公司品牌的社会影响力	党群工作部
		4.2.2 以企业文化内涵为核心，不断延伸演绎，提高文化的背书效应	党群工作部
	4.3 社会责任第三方评估	4.3.1 取得第三方认可的社会责任奖励	党群工作部

2. 创造力评估指标

创造力评估指标如表 5-2 所示。

表 5-2　**创造力评估指标**

一级指标（经营内容）	二级指标（评估指标）	三级指标（考核指标）	主要考核部门
1. 发现价值	1.1 发现投资机会	1.1.1 发现新的投资项目数量	各业务单元
	1.2 发现市场机会	1.2.1 发现满足客户需求的新产品或服务数量	各业务单元
	1.3 发现内部价值机会	1.3.1 发现提升内部经营和管理效率的次数	各业务单元

续表

一级指标（经营内容）	二级指标（评估指标）	三级指标（考核指标）	主要考核部门
2. 制造价值	2.1　净利润	2.1.1　年度净利润数值	财务管理中心
	2.2　品牌价值	2.2.1　以第三方评估的品牌价值含量	品牌经营部
	2.3　主导产品市场占有率	2.3.1　以第三方为评估为标准的产品市场占有率	销售中心
	2.4　主导产品的销售收入增长率	2.4.1　产品销售收入增长率	销售中心
	2.5　各营运环节经营效能纵向对比	2.5.1　各营运环节经营效能的纵向对比，即本年度和上一年度的对比	各业务单元
	2.6　各管理环节管理效率纵向对比	2.6.1　各管理环节经营效能的纵向对比，即本年度和上一年度的对比	各业务单元
3. 整合价值	3.1　企业并购	3.1.1　符合公司战略发展方向的企业并购数量	资产营运中心
	3.2　财务性投资	3.2.1　财务性投资企业数量	资产营运中心 财务管理中心
	3.3　产品/人才引进	3.3.1　产品/人才引进的数量	人力资源中心
	3.4　银行融资	3.4.1　银行授信额度	财务管理中心
4. 内部风险防控	4.1　质量风险	4.1.1　重大质量事故发生的次数及影响	质量保证部
	4.2　合规风险	4.2.1　违法违规事项的次数及影响	合规管理部
	4.3　法律风险	4.3.1　发生法律纠纷的次数及影响	法律事务部
	4.4　安全风险	4.4.1　安全事故发生的次数及影响	行政服务中心、安全生产部
5. 外部风险防控	5.1　供应链风险	5.1.1　原材料缺货对公司生产的影响	生产中心
	5.2　政策风险	5.2.1　国家政策出台对公司生产经营的影响	董事会秘书处、销售中心、政策研究小组
	5.3　市场风险	5.3.1　竞争对手对公司市场地位的威胁	各业务单元

3. 发展力评估指标

发展力评估指标如表 5-3 所示。

表 5-3　　　　**发展力评估指标**

一级指标（经营内容）	二级指标（评估指标）	三级指标（考核指标）	主要考核部门
1. 竞争力	1.1　引入新产品的数量	1.1.1　每年引入新产品的数量	健康研究院
	1.2　市场占有率	1.2.1　本公司产品销售额占市场所有此类产品销售额之和的比例	各业务单元
	1.3　销售回笼	1.3.1　年度现金回笼	各业务单元
	1.4　终端人均产出	1.4.1　每年终端人员人均销售额	各业务单元
	1.5　品牌影响力	1.5.1　经第三方调研的品牌知名度 1.5.2　经第三方调研的品牌满意度 1.5.3　经第三方调研的品牌忠诚度	品牌经营部
2. 创新力	2.1　知识产权管理水平	2.1.1　年度取得的发明专利数量	法律事务部
	2.2　研发投入水平	2.2.1　研发投入占销售收入的比例	健康研究院
	2.3　技术创新能力	2.3.1　年度研发产品数量及取得的阶段性成果进展	健康研究院
3. 控制力	3.1　企业文化建设水平	3.1.1　公司员工对于企业文化的认可程度 3.1.2　评估公司员工对于企业文化的践行	人力资源中心、党群工作部
	3.2　风险管理水平	3.2.1　评估各营运管理环节，确保年度无重大风险事故	审计监察部、质量保证部、合规管理部、法律事务部

5.3 绩效管理流程

绩效管理是一个完整系统，由若干个部分组成，各部分之间相互依托、相互支撑，共同推动绩效管理过程运作。

投资者经营的绩效管理是与公司绩效管理协同推进的。因此，投资者经营的绩效管理流程与公司绩效管理系统的运行流程基本保持一致，仅在协调机构上略有不同。投资者经营的主要协调机构是董事会秘书处，而公司绩效管理的协调机构是人力资源中心，因此，在投资者经营的实际运作中，我们尤其注重投资者经营的绩效管理与公司绩效管理的对接，才能保障投资者经营的贯彻落实，实现投资者经营与公司战略发展方向的协调统一。

公司的绩效管理由四个主要的部分组成：目标设定、目标跟踪、目标考核、绩效改进。绩效沟通则是贯穿于绩效管理始终的重要环节。绩效管理流程如图 5-2 所示。

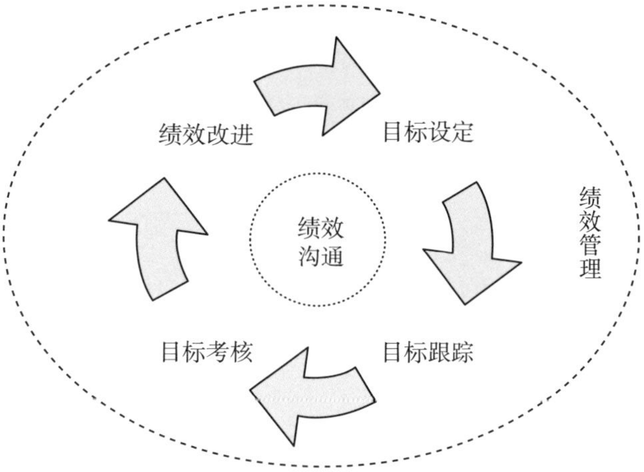

图 5-3 绩效管理流程

5.3.1 目标设定

目标的设定与分解，包括各高层管理人员目标的设定、各部门目标的设定和员工个人目标的设定等几个层面。公司根据投资者经营的二级指标评估投资者经营的不足和弱项，并结合公司经营的实际，明确投资者经营的年度三级指标，即考核指标，并根据考核对象的不同，将三级指标层层分解落实到各级员工的考核目标中。比如对于高层管理人员，三级指标直接列入其考核目标中，中层和基层人员的考核目标则会在三级指标体系下进一步细化分解，力求考核目标的具体化和人格化。

投资者经营的绩效管理目标设定由董事会秘书处统筹实施，并报绩效管理领导小组审议通过。

5.3.2 目标跟踪

目标跟踪的目的是督导年度投资者经营三级指标的完成。董事会秘书处通过多种渠道、多种工具建立了对各层级人员的绩效跟踪体系，如中高层是通过公司月度绩效调度会议，绩效办季度、半年度、年度绩效核查等方式进行绩效跟踪。

董事会秘书处定期将目标跟踪的结果反馈至绩效管理办公室，由绩效管理办公室汇总至绩效管理委员会。绩效管理委员会根据绩效指标的实际完成情况并结合当期公司经营实际，对考核对象下一步的工作提出具体要求和指导，再由董事会秘书处跟踪督导执行。

5.3.3 目标考核

公司定期对考核对象的目标执行情况进行绩效考评，一方面是督导各考核对象推进年度目标的完成，另一方面也是对考核对象的目标完成情况进行阶段性评估。公司所有员工均在一定的考核周期内，根据拟定的《绩效责任书》或考核细则，按照既定的考核层级组织绩效考核工作。

投资者经营的绩效考核由绩效管理办公室组织实施，董事会秘书处负责对相关考核内容核实和支持。

5.3.4 绩效改进

绩效改进是指确认工作绩效的不足和差距，查明产生的原因，制定并实施有针对性的改进计划和策略，不断提高竞争优势的过程，即指采取一系列行动提高员工的能力和绩效。

绩效改进是绩效考核的后续应用阶段，是连接绩效考核和下一循环计划目标制定的关键环节。绩效考核的目的不仅仅是作为确定员工薪酬、奖惩、晋升或降级的标准，员工能力的不断提高以及绩效的持续改进才是其根本目的，而实现这一目的的途径就是绩效改进。

投资者经营的绩效改进过程，是考核者根据被考核者三级指标的进展和完成情况，评估其对应的二级指标是否得到改善和提高，从而再根据二级指标的反馈，找出被考核员工在实施过程中存在的问题和不足，指导员工进一步优化工作方式方法，并确定下一步的三级考核指标的制定和实施。绩效改进是促进员工工作效能效率提高的有效途径，有助于三级考核目标的有效达成。

5.3.5 绩效沟通

绩效沟通是考核者与被考核者就绩效考评反映出的问题以及考核机制本身存在的问题展开实质性的面谈，并着力于寻求应对之策，服务于后一阶段企业与员工绩效改善和提高的一种管理方式。公司的绩效沟通着力于上下级间就绩效目标的设定及实现而进行的持续不断双向沟通的一个过程，在这一过程中，管理者与被管理者从绩效目标的设定开始，一直到最后的绩效考评核和改进，都必须保持持续不断的沟通，任何的单方面决定都将影响绩效管理的有效开展，降低绩效管理体系效用的发挥。

绩效沟通主要体现在目标制定沟通、绩效实施沟通、绩效反馈沟通、绩效改进沟通四个方面，相互配合，层层递进，贯穿于绩效考核的各个环节中，共同构成了公司的绩效沟通系统。绩效沟通是考核者根据被考核者绩效目标的完成情况，围绕三级指标的执行、实施和完成，与被考核者进行的深度面谈，以提升被考核者下一阶段的工作绩效。

对于一般员工，考核结束后，各部门负责人需要与员工进行绩效沟通，可视部门情况灵活采用绩效面谈、绩效会议沟通、绩效反馈表书面沟通等方式进行，绩效沟通提倡采用“三明治”法，既先要充分认识和肯定被评估人的工作成绩，再客观准确地指出其工作中的不足(这时要充分听取被评估人的意见，让其畅所欲言)，最后对他的工作提出具体的改进意见和目标要求，并通过面谈帮助其找出具体的改进措施，双方达成一致，以作为下一季度考评依据。

5.4 绩效管理保障系统

5.4.1 组织保障

在一个企业中，各项工作的顺利开展，都离不开强有力的组织保障，绩效管理也不例外。为保证投资者经营绩效的有效实现，企业必须建立健全合理的内部保障机制，确保各部门、各员工间责权分明、分工细致。马应龙投资者经营的绩效管理体系是一个以绩效管理委员会为核心、绩效管理办公室为辅助、绩效考评小组为支持的三级绩效管理组织机构，其中董事会秘书处负责对绩效管理委员会和绩效管理办公室的工作进行协调和支持，以确保目标结果的实现。具体如图 5-4 所示。

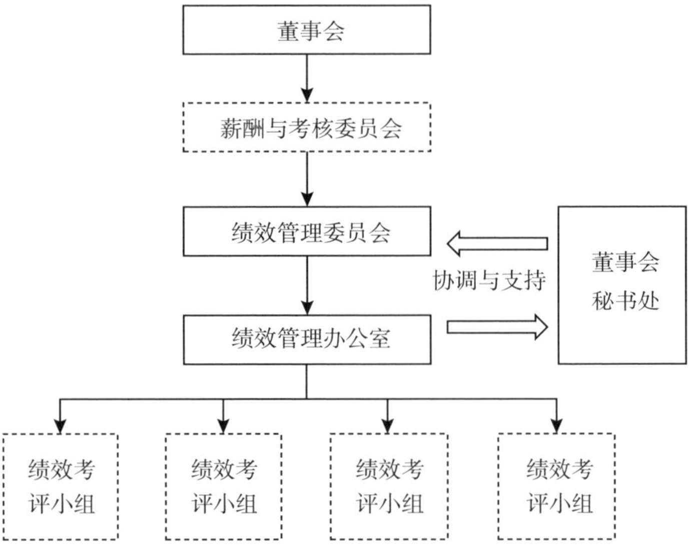

图 5-4 绩效管理组织机构

绩效管理委员会是隶属于薪酬与考核委员会，直接接受董事会领导的组织管理机构，代表董事会行使绩效管理职权。主要负责总体部署绩效管理工作，统筹规划、组织协调绩效管理工作的推进落实，包括投资者经营的绩效管理都属于其职责范畴。

绩效管理办公室是绩效管理领导小组日常办事机构，设在人力资源中心，主要负责绩效管理委员会基础事务性工作，具体协调绩效管理工作的推进落实。

绩效考评小组是绩效管理办公室从各部们抽调成员组成，负责具体实施各部考评核查工作。根据绩效管理办公室提供的各部绩效任务表对各部工作推进情况及结果进行核查，讨论并出具初步评分意见供绩效管理办公室参考，同时对考评的真实性负全部责任。

董事会秘书处是投资者经营的绩效管理组织协调部门，是连接公司绩效管理和投资者经营绩效管理的枢纽环节。董事会秘书处在投资者经营的绩效管理中，主要职责包括：负责对绩效管理体系中投资者经营部分的绩效考核提供协调和支持；具体职责包括：评估投资者经营体系的现状，并针对性地提出年度考核指标和各部门的分解考核指标，提交绩效管理领导小组审评；跟踪投资者经营相关绩效指标的实施，及时反馈至绩效考核办公室；初评投资者经营相关绩效指标的完成情况，并将初评意见和建议报绩效考核领导小组审评。

5.4.2 机制保障

完善的机制建设是保障绩效管理目标实现的一个关键因素，也是不断改进完善绩效管理的有力保障。

1. 建立配套的激励机制

在激励体系架构中，基本薪酬、奖金、津贴及国家规定的各项社会保险是大多数企业共有的激励项目，有些企业还会增加一些自有福利项目。企业应根据自身的经营规划、经营目标、自身特点及效益情况，在遵守国家有关法律法规的基础上，设计适合本企业特点的薪酬福利体系。

马应龙的激励机制主要通过分层分类的多元化激励体系和多元化的薪酬体系与全面薪酬设计来实现，包括物质激励、精神激励和工作激励。物质激励又包括薪酬体系、共享体系、福利体系、奖惩体系等；精神激励包括价值观体系、荣誉体系、关怀体系等；工作激励包括职业发展体系（行政序列、业务序列两条发展通道）、工作认可体系等。

2. 建立公司信息管理机制

信息传递的畅通性和信息的有效性是绩效管理取得成功的重要保障，评估指标体系的建立、绩效管理的实施等都依赖于公司内部的信息管理系统。

马应龙根据公司信息传递的频率、信息的数量、信息的可用情况等，结合公司关键环节，构建了战略数据系统，该系统包括中央驾驶舱、业务仪表盘、三大战役。中央驾驶舱包括月度经营分析和驾驶舱地图集，月度经营分析全面展现了公司当月整体经营视图，包括收入、回笼、净利润、货币资金余额等指标，同时可进行对比分析、构成分析、进度分析及趋势分析；驾驶舱地图集共包含国际信息中心、诊疗布局、营销网络、工业园区、客户覆盖五张地图，通过地图可查看公司主要业务领域分布情况。业务仪表盘主要展现各业务主体的重要经营指标，目前已覆盖工业本部、大健康公司、大药房本部、物流公司、电商事业部、湖北医投、禾氏美康、互联网医疗、新终端直营等业务单元。三大战役主要是对县域市场开发、马应龙健康家、共建肛肠诊疗中心三大战略专项开展基于回笼、收入等指标的数据统计与分析。

绩效管理是增强战略执行力的一套方法，它将个人业绩、个人发展与公司目标有机结合，通过持续改善个人业绩和团队业绩来持续改善公司业绩，并确保公司战略的执行和业务目标的实现，是马应龙战略目标达成和实现的有力保障工具。

对于投资者经营系统而言，我们将绩效管理作为一种管理工具和手段，用以加强公信力建设、创造力建设和发展力建设，将有助于提升企业价值实现、价值创造和价值经营的能力，并最终实现投资者经营目标，即实现公司价值最大化，准确传递公司价值以及实现可持续发展。

附　录

2020 年年度社会责任报告

附图　马应龙年度社会责任报告(1)

目录 contents

关于本报告

报告宗旨

本报告旨在真实反映马应龙2020年度企业社会责任的发展与实践，向利益相关方公开报告企业运行情况，帮助股东、员工、政府、客户、合作伙伴、社区公众等利益相关方深入透视马应龙的企业社会责任实践活动。

报告范围

本报告时间跨度为2020年1月1日至2020年12月31日，与公司年度报告同时披露。报告数据以2020年度为主，部分内容适度向前延伸，报告中2020年与公司运营相关的数据披露截止日为2020年12月31日；报告的组织范围为公司及公司下属子公司。

编写标准

本报告的编写主要参照全球报告倡议组织(GRI)《可持续发展报告指南》G4）的有关要求，结合马应龙的实际情况，甄选报告内容，完整呈现马应龙的社会责任，突出企业特色。

数据收集

本报告的数据和案例由公司本部相关部门及公司下属子公司收集而来。
本报告经公司2021年3月24日召开的第十届董事会第十次会议审议通过。
如无特别说明，本报告中所提及的金额币种均为人民币。

报告获取方式

本报告已在上海证券交易所官方网站发布，如需下载阅读，请登录
http://www.sse.com.cn/

感谢您抽出宝贵时间阅读本报告，真诚期待您的反馈，您可以通过以下方式与我们联系沟通：

联系部门：马应龙药业集团股份有限公司董事会秘书处
垂询电话：+86-27-87291519、87389583
传　　真：+86-27-87291724
电子信箱：stock@mayinglong.cn
地址：中国湖北省武汉市武昌南湖周家湾100号
邮编：430064

01 • 马应龙 社会责任报告　　　　关于本报告 • 02

附图　马应龙年度社会责任报告(2)

公司简介

马应龙药业集团股份有限公司（600993.SH）创始于公元 1582 年，历经400余年的持续健康快速发展，如今已成长为一家专业化的医药类上市公司。马应龙是经商务部首批认定的中华老字号企业，2004年在上海证券交易所挂牌上市，被认定为国家高新技术企业，拥有国家级企业技术中心。2011年马应龙八宝古方及眼药制作技艺被国务院认定为“国家级非物质文化遗产”。2020年获武汉市抗击新冠肺炎疫情先进集体荣誉称号。

马应龙始终以肛肠及下消化道领域为核心定位，打造肛肠健康方案提供商。通过深化实施品牌经营战略，根据“客户主体一元化、服务功能多元化”的发展思路，向肛肠诊疗产业延伸产业链，大力发展互联网医疗，并围绕大健康领域积极寻求发展机会，形成集医药工业、医疗服务、医药商业和大健康于一体的全产业链布局。

03 • 公司简介

马应龙持续经营400余年，得益于历久弥新的经典名方和真勤理念的文化积淀。马应龙名方包括麝香、牛黄、琥珀、珍珠、冰片、炉甘石、硼砂、硇砂等八味中药，又称八宝名方。马应龙八宝名方有四大渊源：它的配方以麝香为君，这种以“香药”入药的配伍方式源于回药，同时吸取蒙药“金石之方”配方特色和炮制工艺，融合中药传统验方“光明散”，并借鉴中医“寒凉派”以清凉解毒的方剂祛除“火热”之邪的理论，在明朝定州河间一带与坊间各家眼药相互切磋，取长补短，经过多年验方演化，自成一方。马应龙产品研发的过程，也是八宝名方功效不断被发掘及验证的过程，随着现代科技的发展，马应龙经典名方将会得到更大程度的发掘和运用，为人类的健康做出新的贡献。传承四百多年的历史文化，马应龙逐步形成了独特的企业文化体系。公司秉承“为客户创造健康，为股东创造财富，为员工创造机会，为社会创造效益”的经营宗旨，倡导“以真修心，以勤修为”的哲学观，倡导“稳健经营、协调发展”的经营观，倡导“资源增值”的价值观，弘扬“龙马精神”的企业精神。马应龙将以实现中药现代化为己任，在品牌经营战略的指引下继往开来、砥砺奋进。

经过多年来的深耕细作，马应龙在核心领域形成了品牌、品质、价格、服务等多方面的竞争优势。在世界品牌实验室发布的2020年《中国500最具价值品牌》分析报告中，马应龙名列第171位，品牌价值达到了413.52亿元。

报告期内，马应龙累计提供就业岗位3091个。

公司简介 • 04

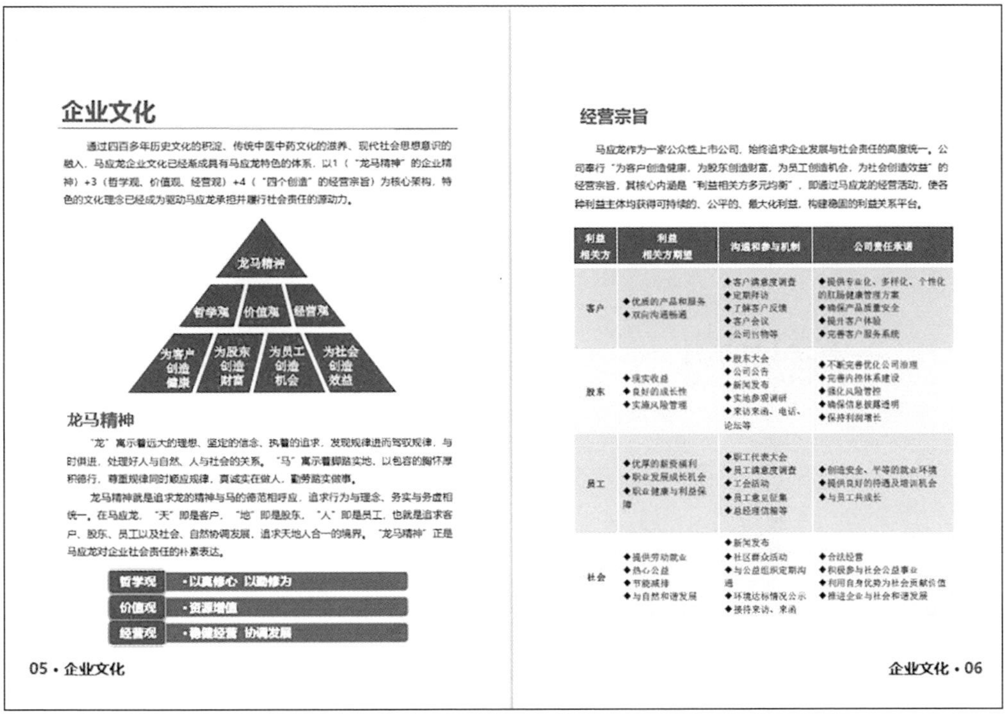

企业文化

通过四百多年历史文化的积淀、传统中医中药文化的滋养、现代社会思想意识的融入，马应龙企业文化已经系成具有马应龙特色的体系，以1（“龙马精神”的企业精神）+3（哲学观、价值观、经营观）+4（“四个创造”的经营宗旨）为核心架构，特色的文化理念已经成为驱动马应龙承担并履行社会责任的源动力。

龙马精神

“龙”寓示着远大的理想、坚定的信念、执着的追求，发现规律进而驾驭规律，与时俱进，处理好人与自然、人与社会的关系。“马”寓示着脚踏实地，以包容的胸怀厚积德行，尊重规律同时顺应规律，真诚实在做人，勤劳踏实做事。

龙马精神就是追求龙的精神与马的德范相呼应，追求行为与理念、务实与务虚相统一。在马应龙，“天”即是客户，“地”即是股东，“人”即是员工，也就是追求客户、股东、员工以及社会、自然协调发展，追求天地人合一的境界。“龙马精神”正是马应龙对企业社会责任的朴素表达。

哲学观	·以真修心 以勤修为
价值观	·资源增值
经营观	·稳健经营 协调发展

05 • 企业文化

经营宗旨

马应龙作为一家公众性上市公司，始终追求企业发展与社会责任的高度统一。公司奉行“为客户创造健康，为股东创造财富，为员工创造机会，为社会创造效益”的经营宗旨，其核心内涵是“利益相关方多元均衡”，即通过马应龙的经营活动，使各种利益主体均获得可持续的、公平的、最大化利益，构建稳固的利益关系平台。

利益相关方	利益相关方期望	沟通和参与机制	公司责任承诺
客户	◆优质的产品和服务 ◆双向沟通畅通	◆客户满意度调查 ◆定期拜访 ◆了解客户反馈 ◆客户会议 ◆公司刊物等	◆提供专业化、多样化、个性化的肛肠健康管理方案 ◆确保产品质量安全 ◆提升客户体验 ◆完善客户服务系统
股东	◆现实收益 ◆良好的成长性 ◆实施风险管理	◆股东大会 ◆公司公告 ◆新闻发布 ◆实地参观调研 ◆来访来函、电话、论坛等	◆不断完善优化公司治理 ◆完善内控体系建设 ◆强化风险管控 ◆确保信息披露透明 ◆保持利润增长
员工	◆优厚的薪资福利 ◆职业发展成长机会 ◆职业健康与利益保障	◆职工代表大会 ◆员工满意度调查 ◆工会活动 ◆员工意见征集 ◆总经理信箱等	◆创造安全、平等的就业环境 ◆提供良好的待遇及培训机会 ◆与员工共成长
社会	◆提供劳动就业 ◆热心公益 ◆节能减排 ◆与自然和谐发展	◆新闻发布 ◆社区群众活动 ◆与公益组织定期沟通 ◆环境达标情况公示 ◆接待来访、来函	◆合法经营 ◆积极参与社会公益事业 ◆利用自身优势为社会贡献价值 ◆推进企业与社会和谐发展

企业文化 • 06

附图　马应龙年度社会责任报告(3)

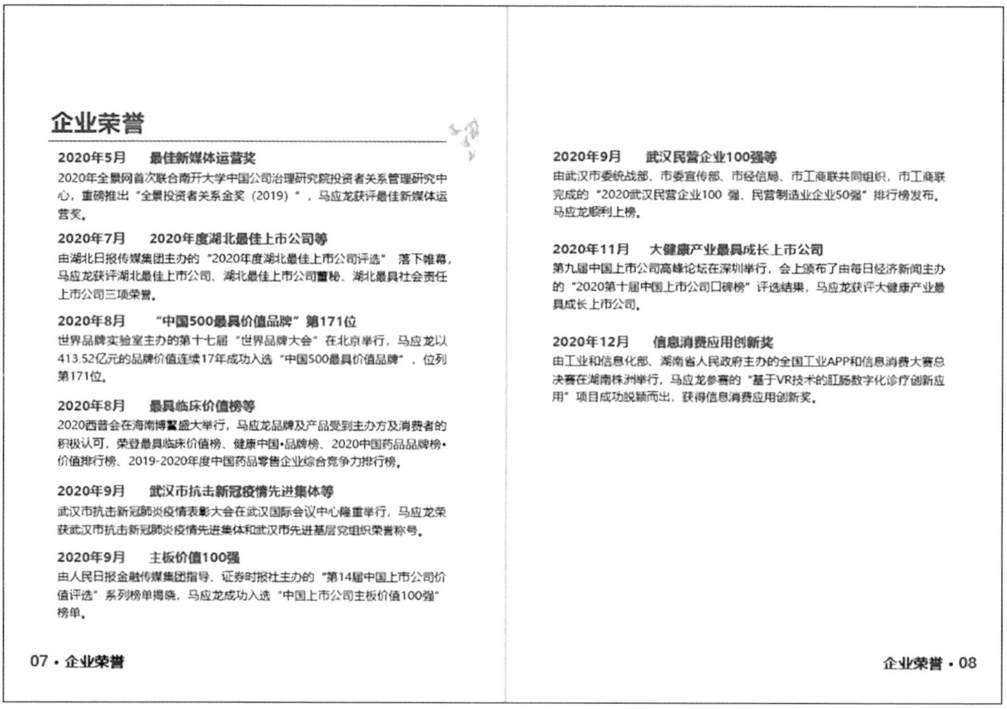

企业荣誉

2020年5月　最佳新媒体运营奖

2020年全景网首次联合南开大学中国公司治理研究院投资者关系管理研究中心，重磅推出“全景投资者关系金奖（2019）”，马应龙获评最佳新媒体运营奖。

2020年7月　2020年度湖北最佳上市公司等

由湖北日报传媒集团主办的“2020年度湖北最佳上市公司评选” 落下帷幕，马应龙获评湖北最佳上市公司、湖北最佳上市公司董秘、湖北最具社会责任上市公司三项荣誉。

2020年8月　“中国500最具价值品牌”第171位

世界品牌实验室主办的第十七届“世界品牌大会”在北京举行，马应龙以413.52亿元的品牌价值连续17年成功入选“中国500最具价值品牌”，位列第171位。

2020年8月　最具临床价值榜等

2020西普会在海南博鳌盛大举行，马应龙品牌及产品受到主办方及消费者的积极认可，荣登最具临床价值榜、健康中国·品牌榜、2020中国药品品牌榜·价值排行榜、2019-2020年度中国药品零售企业综合竞争力排行榜。

2020年9月　武汉市抗击新冠疫情先进集体等

武汉市抗击新冠肺炎疫情表彰大会在武汉国际会议中心隆重举行，马应龙荣获武汉市抗击新冠肺炎疫情先进集体和武汉市先进基层党组织荣誉称号。

2020年9月　主板价值100强

由人民日报金融传媒集团指导、证券时报社主办的“第14届中国上市公司价值评选”系列榜单揭晓，马应龙成功入选“中国上市公司主板价值100强”榜单。

07 · 企业荣誉

2020年9月　武汉民营企业100强等

由武汉市委统战部、市委宣传部、市经信局、市工商联共同组织，市工商联完成的“2020武汉民营企业100 强、民营制造业企业50强”排行榜发布。马应龙顺利上榜。

2020年11月　大健康产业最具成长上市公司

第九届中国上市公司高峰论坛在深圳举行，会上颁布了由每日经济新闻主办的“2020第十届中国上市公司口碑榜”评选结果，马应龙获评大健康产业最具成长上市公司。

2020年12月　信息消费应用创新奖

由工业和信息化部、湖南省人民政府主办的全国工业APP和信息消费大赛总决赛在湖南株洲举行，马应龙参赛的“基于VR技术的肛肠数字化诊疗创新应用”项目成功脱颖而出，获得信息消费应用创新奖。

企业荣誉 · 08

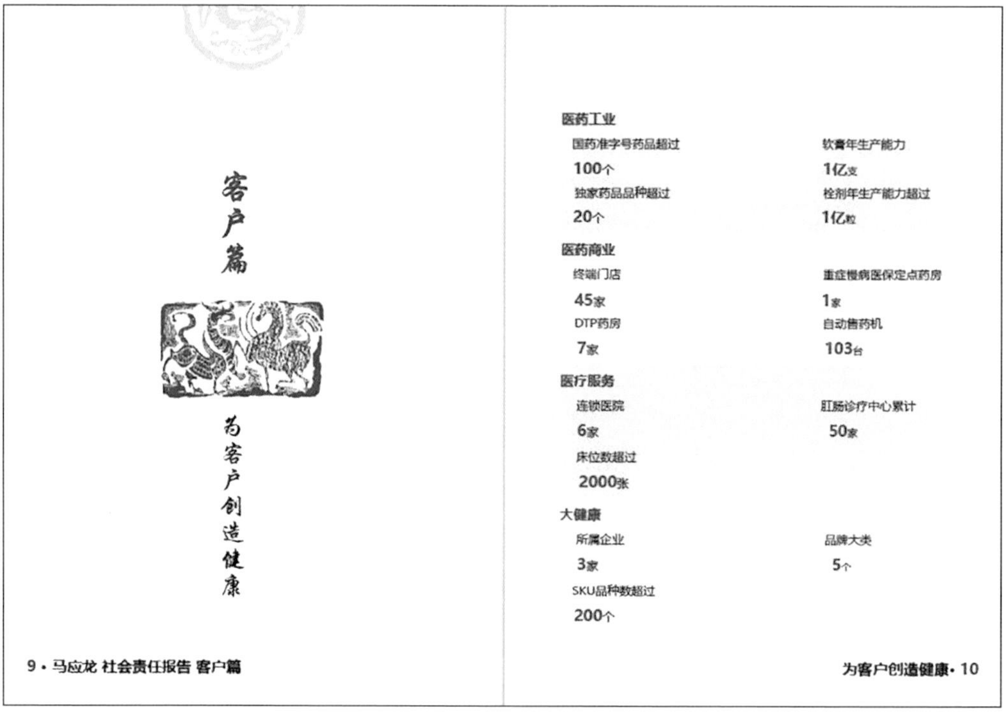

客户篇

为客户创造健康

9 · 马应龙 社会责任报告 客户篇

医药工业

国药准字号药品超过 100个

软膏年生产能力 1亿支

独家药品品种超过 20个

栓剂年生产能力超过 1亿粒

医药商业

终端门店 45家

重症慢病医保定点药房 1家

DTP药房 7家

自动售药机 103台

医疗服务

连锁医院 6家

肛肠诊疗中心累计 50家

床位数超过 2000张

大健康

所属企业 3家

品牌大类 5个

SKU品种数超过 200个

为客户创造健康 · 10

附图　马应龙年度社会责任报告(4)

专题 顺应分级诊疗，开发县域市场

公司顺应分级诊疗趋势，深入开发县域市场，抢占基层医疗市场，延伸销售渠道，提升县域医疗市场覆盖率，强化马应龙品牌影响力。优化内部运行机制，推行“区域承包责任制”，丰富营销策略，创新资源配置方式，构建扎根县域市场的新型渠道，搭建县级医院资源共享平台，持续提升医院覆盖率及产品丰富度，最大化发挥平台增值效应，主导产品县级医院覆盖率持续提升。

专题 癌痛规范化治疗专家论坛

2020年10月，为了响应国家政策，推动医联体分级诊疗，助力癌痛规范化管理走向基层，提高基层医生对癌痛规范化诊疗水平，使癌痛患者得到更好的治疗，实现带瘤无痛生活。马应龙联合广东省、湖北省抗癌协会癌症姑息与康复专业委员会，通过网络平台开展线上和线下教育，全方位传播和推动规范化、常态化的癌痛治疗理念。专家们就自己丰富的临床经验与基层医师进行了分享交流，给基层医师带来了新的理念和知识，提供了许多有价值的建议和指导。

11 • 开发县域市场

专题 实施轻资产扩张，共建肛肠诊疗中心

持续推进“全国百家重点肛肠专科共建计划”，利用马应龙品牌影响力，以马应龙肛肠诊疗技术研究院为平台，发挥马应龙直营专科医院的基地作用，合理利用专家资源，强化品牌经营和终端渗透，共建马应龙肛肠诊疗中心，截至2020年底，累计签约50家。

专题 肛肠疾病规范诊治专家论坛

马应龙作为肛肠领域具有四百多年历史的品牌企业，肩负着推动肛肠医学学术进步的使命。2020年新冠疫情发生后，为了给广大肛肠医务工作者提供学习交流的平台，助力疫情期间肛肠疾病的规范化诊疗，马应龙积极创新，采取线上线下相结合的方式，牵头举办了第一、二期“肛肠疾病规范诊治专家论坛”，参会专家围绕病例进行了热烈讨论，并精心解答了相关问题，论坛获得了业内一致好评。

共建肛肠诊疗中心 • 12

专题 马应龙健康家

2020年，健康家项目围绕重构人货场，重新定义零售终端的社区功能，以持续开展标杆社区康养服务为探索路径，联动重症药房、中医馆扩大服务半径，逐步优化并调整自动售药机站点运营功能，启动B2C平台线上服务运营，并全面探索O2O闭环模式，实现线上线下双运行模式。

未来健康家将以会员经营为中心，以产业链资源整合平台为基石，以“专业学术推广”和“特色增值服务”为抓手，以全病程数据营销服务为引导，形成马应龙“医+药+康+养”场景的健康家平台产业链闭环。

13 • 马应龙健康家

专题 肛肠手术直播

小马医疗作为国内首个互联网医疗肛肠专科重度闭环的落地项目，通过手术直播与全国各大医院肛肠专家团队进行深度合作，邀请肛肠领域顶级专家进行手术直播、手术示教、远程教学，以实现医疗资源共享，跨平台互动，为肛肠医生提供学习素材与交流平台，目前已对接有肛肠科的综合医院和肛肠专科医院800多家，对接全国肛肠科医师2万多名。2020年全年累计开展线上手术直播22场，形成了较好的口碑和一定的行业影响力。

专题 肛肠数字化诊疗

2020年12月，由工业和信息化部、湖南省人民政府主办，中国电子信息产业发展研究院、湖南省工业和信息化厅、株洲市人民政府承办的全国工业APP和信息消费大赛总决赛在湖南株洲举行。小马医疗“基于VR技术的肛肠数字化诊疗创新应用”项目成功脱颖而出，获得信息消费应用创新奖。

发展互联网医疗 • 14

附图　马应龙年度社会责任报告(5)

品质升级

公司始终坚持“全员参与、全过程受控，以卓越品质赢得客户忠诚”的质量方针及“产品零缺陷、服务零缺陷”的质量目标，推行质量责任制和目标管理，升级品质文化建设，巩固和提高标准化体系管理，健全质量监督机制，防范质量风险，确保质量安全。

质量管理

市场抽检合格率 **100%**　　产品一次合格率 **100%**

重大质量事故 **0起**

质量监督

起草文件 **170份**　　修订文件 **827份**

现场飞行及常规检查 **31次**

质量文化宣贯

主题培训活动 **170项**　　品质文化教育满意度超过 **90%**

法律法规学习推送 **216条**

15 • 品质升级

专题　员工质量知识培训

2020年，开展相关主题培训及活动达170项，品质文化教育年度满意度超过90%。主要包括：化妆品全产业链相关人员进行新版《化妆品监督管理条例》宣贯与考核；“中药饮片性状”验收主题系列培训；仓储、质量控制、生产车间员工CGMP培训，并结合实际，每周末利用网络对现场QA开展各类专业知识培训等。通过品质文化教育，产品市场抽检合格率100%，顺利通过各类监督性检查，零缺陷通过药品生产许可证换证及符合性检查。

专题　法律法规质量知识宣传

2020年，组织“药品（全生命周期）板块、大健康板块、诊疗板块”三大板块的“普法月”线上知识竞赛活动；出版2020年全产业链《质量相关法律法规汇编》；开展主题为“新法规下质量提升之我见”质量征文活动；开展“三大板块”法规网络培训考试；开展“两法两规”知识竞赛；对公司法定代表人、质量负责人、生产负责人及与生产和质量控制相关的工作人员全面宣传贯彻《化妆品监督管理条例》，组织相关培训与考核。此外，创新方式，线上运用电子书的形式，分期、分主题开展“法律法规质量知识”宣传，前后制定了“防疫篇”、“药品篇”、“警示案例篇”、“化妆品篇”等四期电子宣传手册，让质量合规知识及意识得到更为广泛的普及与渗透。

专题　质量信息推送

为强化全产业链全面质量监督和控制，及时跟进各行业监管政策变化，提高各板块法规政策应对及风险预判能力，降低质量安全风险，积极跟踪国家及省市级行政监管部门网站和其他相关信息，定期收集、解读国家相关法律法规政策，完善集团与各子公司质量信息交流渠道，及时高效规避或处理质量危机。全年推送各类政策法规信息达216条，对重点及关键事项提前进行质量预警及督促制定防范预案。重点解读新版《药品管理法》《药品监督管理条例》《化妆品监督管理条例》等新出台的法规；持续收集2020年度国家化学药品、中药饮片等产品抽检、行政处罚案例等质量信息，对业务单元进行风险提醒。

品质文化宣贯 • 16

专题　体系建设

2020年，共起草相关文件151份，其中药品类66份、化妆品类62份、消毒产品类3份、医疗器械类20份；修订相关文件581份，其中药品类473份、化妆品类19份、环安类89份。同时，按照《医疗器械生产/质量管理体系文件起草/修订计划》、《环安管理体系文件起草/修订计划及确认表》的要求，统筹相关部门建立医疗器械体系文件，推进ISO45001:2018改版后文件体系的修订，基本完成医疗器械类文件管理体系建设和所有环安体系文件的更新升级。

专题　资质维护

2020年，取得湖北省卫健委消毒剂消毒产品（液体、凝胶）生产许可；顺利通过2020年药品生产许可证换证许可和符合性检查，并获得新证。完成乙酰氨基酚栓说明书修订、马应龙麝香痔疮膏说明书修订、甲硝唑栓新增原料药供应商、前列通栓增加包装规格、麝香痔疮栓增加提取物、软膏增加包装机、新增软膏包装车间、新增检验仪器、新煅药机变更、瞳话受托化妆品等完成备案并获得公示；完成地奥司明片再注册申报；完成区局消毒产品档案资料收集。

专题　现场监督

完善质量专项自查与全面自检监督机制，创新高效的可追溯的质量监控方式，全年围绕物料的配送交接、工衣的清洗等开展全面排查和跟踪。加强车间日常监督，提高QA日常监控巡查能力和现场质量信息反馈，每周例会形式对监督过程中出现的问题进行分析，并督导整改。全年开展车间现场飞行检查18次、常规检查13次，以及车间QA每日常规检查。

专题　专项检查

2020年，依据《委托贴牌产品质量监督实施细则（试行）》、《委托贴牌生产质量管理办法》、GMP、GSP等不定期开展督促检查，进行了委托贴牌产品首次审厂及年度审计、车间突击专项检查、所属公司医院专项检查、每月所属公司医院质量风险双向沟通反馈跟踪、质量法规合规性自查等全产业链多项质量审计及质量监控工作，及时妥善处理各类违规的事件，其中车间专项检查64次，所属公司医院专项检查55次，所属公司医院质量风险跟踪57次。

17 • 质量监控

专题　优化品牌资产管理，强化知识产权保护意识

公司建立了系统的知识产权管理机制，不断积累产业品牌资质和品牌资产，维护企业相关利益，扩大品牌知名度。截止2020年底，公司专利数量已达到143项，其中发明专利36项；拥有商标340个，其中国内商标288个，国际商标95个。2020年度新增专利申报37项，其中发明专利5项，实用新型专利21项。

发明专利 5项	◆一种治疗皮肤瘙痒的中药凝胶剂 ◆一种中药清膏包衣液及其制备方法 ◆一种具有抗蓝光功效修护眼霜及其制备方法 ◆一种无患子手工皂及其制备方法 ◆一种用于治疗痔类肛肠疾病的乳膏剂及制备方法
实用新型专利 21项	◆一种眼霜生产用的加料缓冲装置 ◆一种多效修护冻干粉生产加工用粉碎装置 ◆一种免手洗消毒凝胶加工用原料分选装置 ◆一种眼部精华素灌装加工用精准灌装机构 ◆一种蒸汽热敷眼罩生产加工用消毒装置 ◆一种萘敏维滴眼液生产用的配液除菌装置 ◆一种复方右旋糖酐70滴眼液生产用浓度调配装置 ◆一种用于包装右旋转糖酐滴眼液的容器 ◆一种萘敏维滴眼液用自带温度调节配液罐 ◆一种抗疲劳眼药水生产用PH调节装置 ◆一种药水存储灭菌消毒装置 ◆一种新型眼药水过滤器 ◆一种新型生产用泵送装置 ◆一种新型滴眼液包装盒 ◆一种热风式烘干装置 ◆一种基于RFID识别仓储管理设备 ◆一种恒温存储设备 ◆一种高效小瓶装打包装置 ◆一种滴眼液罐装输送装置 ◆一种低噪音震动筛 ◆一种凸轮连接装置

知识产权保护 • 18

附图　马应龙年度社会责任报告(6)

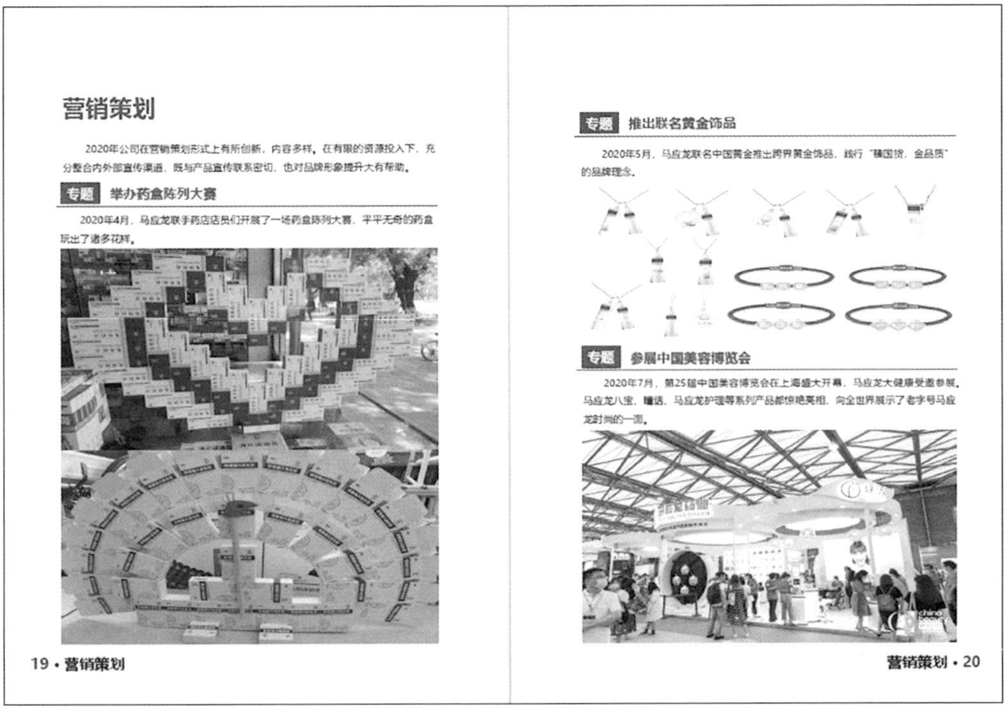

营销策划

2020年公司在营销策划形式上有所创新，内容多样。在有限的资源投入下，充分整合内外部宣传渠道，既与产品宣传联系密切，也对品牌形象提升大有帮助。

专题 举办药盒陈列大赛

2020年4月，马应龙联手药店店员们开展了一场药盒陈列大赛，平平无奇的药盒玩出了诸多花样。

专题 推出联名黄金饰品

2020年5月，马应龙联名中国黄金推出跨界黄金饰品，践行"臻国货，金品质"的品牌理念。

专题 参展中国美容博览会

2020年7月，第25届中国美容博览会在上海盛大开幕，马应龙大健康受邀参展。马应龙八宝、瞳话、马应龙护理等系列产品都惊艳亮相，向全世界展示了老字号马应龙时尚的一面。

19 • 营销策划

营销策划 • 20

专题 亮相老字号嘉年华

2020年9月，由商务部、中央广播电视总台、北京市政府联合主办的"2020年全国消费促进月暨北京时尚消费月"在北京正式启动，马应龙作为武汉老字号代表受邀参展。

专题 举办秋冬护肤分享会

2020年10月，由新华健康和马应龙携手举办，经济日报、光明日报、健康时报、时尚健康、央广网等近30家媒体参与支持的"马应龙大健康秋冬护肤分享会"在北京隆重举行，本次分享会让马应龙大健康系列产品走进更多消费者的视野，也让媒体人、消费者对马应龙品牌有了更加全面的认识。

专题 亮相世界大健康博览会

2020年11月，第二届世界大健康博览会在武汉盛大召开，马应龙携旗下大健康产品整体亮相，展位上开展的肛肠诊疗VR体验、三色块冰淇淋试吃、网红主播现场直播等活动备受观众喜爱，展位前人山人海，场面空前火爆。

21 • 营销策划

营销策划 • 22

附图　马应龙年度社会责任报告(7)

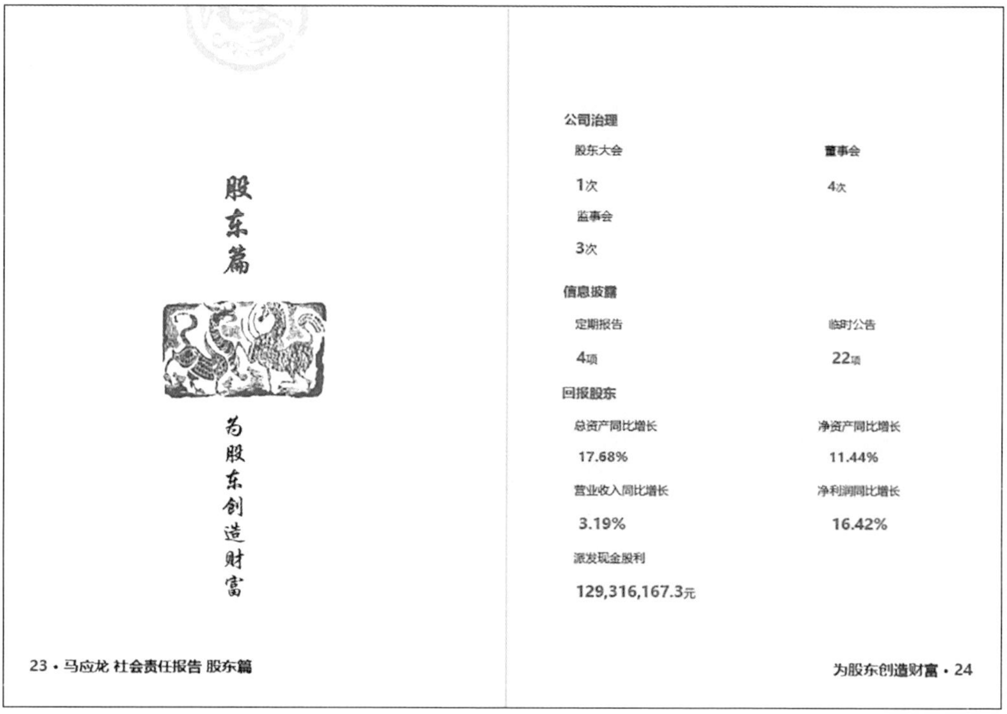

股东篇

为股东创造财富

23 • 马应龙 社会责任报告 股东篇

公司治理

股东大会 1次

董事会 4次

监事会 3次

信息披露

定期报告 4项

临时公告 22项

回报股东

总资产同比增长 17.68%

净资产同比增长 11.44%

营业收入同比增长 3.19%

净利润同比增长 16.42%

派发现金股利 129,316,167.3元

为股东创造财富 • 24

推进规范经营

公司积极推进以源头治理为核心、以过程控制为手段的企业内控体系，不断健全和完善公司风险管理制度，强化规范运作意识、优化内部监督机制，全面提升公司管理水平，强化风险防范能力，促进公司战略发展目标的实现。

专题 完善内控体系

2020年9月，按照《企业内部控制基本规范》和《企业内部控制配套指引》的要求，公司结合外部环境的变化和公司目前经营业务的实际情况，全面修订《内部控制管理手册》，切实推进2020年度内控自我评价，及时查找、分析内部控制缺陷，并有针对性地督促落实整改，促进公司内控体系的不断完善。

同时，创新思路绘制风险地图，强化风险管理成果的共享运用，持续开展风险监测、跟踪、专项评估等，在风险揭示中不断完善内控和风险管理体系的建设，促进风险管理效能的提升。创新思路建立监察工作底稿及流程等，完善取证方法，开展重点领域的专项监察工作，受理举报事件，对发现的违规行为进行调查处理和报告。

2020年公司内部控制评价报告显示，公司不存在财务报告内部控制重大缺陷，未发现非财务报告内部控制重大缺陷；公司已按照企业内部控制规范体系和相关规定的要求在所有重大方面保持了有效的财务报告内部控制。

开展专项审计

3家子公司年度财务审计

8个项目预算控制价审核

1个离任经济责任审计

25 • 推进规范经营

专题 全面风险管理体系

为了防范公司经营中的风险，提高公司对系统性风险、体制性风险的控制能力和水平，完善公司治理结构，根据《上市公司治理准则》《马应龙药业集团股份有限公司章程》及其他有关规定，公司设立风险管理委员会，主要负责研究制定公司总体内部控制和风险管理制度，完善公司风险控制体系，审查公司经营管理和业务运作，监督公司内部风险控制制度的执行情况，统筹公司危机公关和舆情风险控制工作。公司风险管控组织体系主要由公司董事会、风险管理委员会、风险互控部门、风险自控部门构成。通过《风险管理委员会议事规则》《全面风险管理制度》《风险信息动态监控管理办法》，进一步明确了各部门职责和风险管理运作流程。

2020年，组织各部门通过风险管理信息系统动态监测风险信息、风险事件等，及时更新数据库，形成人人监控风险、风险管理有预案的氛围；联合品牌、质量、财务、人事等专业部室，不断完善对子公司重点风控环节和创新环节的专项风险监控和评估机制，更新子公司风险信息库和风险事件台账；高度重视新《药品管理法》的实施，组织相关业务单元开展专业培训和宣贯；组织各专业部门根据新的法规及前期运行情况，修订和完善本专业领域的危机应急预案管理办法，提前部署和防范；组织开展各类专项风险评估或风险自查、排查、审查等工作，充分揭示现阶段经营中面临的重大风险，督促责任部门建立和完善应对措施。

继续深化全面风险管理，为企业经营保驾护航（一）

全面风险管理的概念与实施过程

全面风险管理体系 • 26

附图　马应龙年度社会责任报告(8)

专题 党建引领促发展

2020年，公司党委在上级党委的领导下，全面贯彻党的十九大精神和习近平总书记在全国抗击新冠肺炎疫情表彰大会上的讲话精神，紧紧围绕企业生产经营中心，持续强化思想教育、深化作风建设、夯实党建基础，通过多点发力，扎实提升党建工作水平，发挥示范引领作用，为助力企业复工复产，确保企业持续稳定发展作出了积极贡献。公司党委获中共武汉市委、武汉市人民政府授予的 “武汉市先进基层党组织”称号。

◆ 增强党的思想引领力

公司党委紧扣“两学一做”要求，将“三会一课”与“支部主题党日”有机结合，全面贯彻党的十九大精神及习近平新时代中国特色社会主义思想，巩固深化“不忘初心、牢记使命”主题教育成果，用习近平新时代中国特色社会主义思想武装头脑、指导实践、推动工作。

27 • 党建引领促发展

◆ 加强作风建设

为落实全面从严治党要求，提高员工廉洁从业意识，公司党委开展党风廉政建设宣教系列活动：制作反腐倡廉宣传展板；微信平台推送反腐热点；线上线下组织廉洁知识竞赛；观看反腐倡廉警示片；加强对《中国共产党廉洁自律准则》《中国共产党纪律处分条例》《中国共产党问责条例》等法律和党纪党规的学习；签订《党风廉政建设责任书》、《马应龙廉洁自律公约》；在公司重要岗位人员、全体党员中开展了线上“马应龙廉洁从业测试”考核；通过展板、网络等形式公布举报方式，畅通举报渠道，强化执纪监督，使员工自觉将廉洁融入到日常工作生活中，不断改进工作作风，提高工作效率。

党建引领促发展 • 28

严格履行信息披露义务

报告期内，公司严格按照有关规定真实、准确、完整、及时、公平地进行信息披露,有效的执行和维护了信息披露的责任机制,未发生选择性信息披露的情况,未有因信息披露而受证券监管部门惩处的情况。

公司高度重视信息披露培训工作，不断强化相关责任主体信息披露的意识和能力；加强内幕信息的规范管理，做好公司内幕信息知情人的管理、登记、披露及备案等工作，有效杜绝了内部交易情况发生，维护信息披露的公平性。

报告期内，公司在上海证券交易所及指定媒体发布定期报告和临时公告共26项，其中定期报告4项，临时公告22项，披露文件格式规范、信息完整、表达清晰，披露内容真实、准确。

定期报告
4项

临时公告
22项

29 • 严格履行信息披露义务

合理回报股东

公司切实采取有效措施，不断加快企业转型升级，在规范的运营体制和有效地经营机制下，实现了持续稳定发展，以优良的经营业绩回报股东及利益相关方。

公司不断完善投资者经营系统的评价体系，修订并完善投资者经营系统，促进公司内外价值和市场价值的持续提升。切实加强投资者关系管理，接待日常投资者电话咨询和投资来访，定期或针对重大事件组织分析师会、电话或网络会议、网上路演等活动，构建投资者多元沟通机制；完善和健全公司利润分配决策和监督机制，保证利润分配的连续性和稳定性，给予投资者合理的投资回报，切实保护股东合法权益。

2020年度公司利润分配方案为：以2020年年末总股本431,053,891股为基数，向全体股东每10股派发现金股利3元（含税），派发现金股利总额为129,316,167.3元。

近五年（含本报告期）公司利润分配方案或预案

2016年度	每10股派2.0元	2017年7月28日
2017年度	每10股派2.3元	2018年8月9日
2018年度	每10股派1.5元	2019年7月26日
2019年度	每10股派2.6元	2020年7月30日
2020年度	每10股派3.0元	/

合理回报股东 • 30

附图　马应龙年度社会责任报告(9)

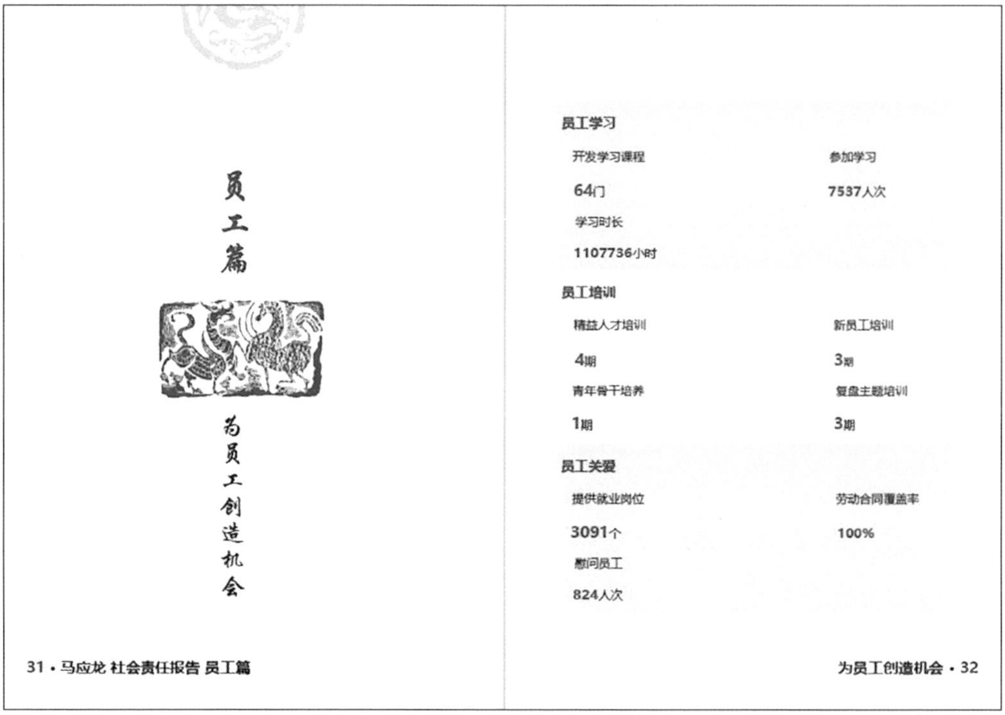

员工篇

为员工创造机会

员工学习

开发学习课程	参加学习
64门	7537人次
学习时长	
1107736小时	

员工培训

精益人才培训	新员工培训
4期	3期
青年骨干培养	复盘主题培训
1期	3期

员工关爱

提供就业岗位	劳动合同覆盖率
3091个	100%
慰问员工	
824人次	

31 • 马应龙 社会责任报告 员工篇

为员工创造机会 • 32

良好的工作环境与生活保障

公司关爱每一位员工，关心员工的工作、生活和身心健康，注重员工对工作和对企业的满意程度，努力创建良好的企业文化氛围。

专题 员工福利

公司严格按国家规定为员工办理参加养老、医疗、失业、工伤、生育等社会保险的手续；为员工购买住房公积金、意外伤害险、团体福利年金险、住院医疗险等多项险种，提高员工的抗风险能力；为员工提供免费的通勤车服务、门诊服务、单身员工宿舍、优秀员工疗养等，给广大员工带来了实实在在的便利和实惠，增强了员工的满意度和幸福感。2020年，公司为女员工办理了《女职工安康保险》；为员工办理了《职工综合医疗互助保障》并办理了医疗互助保障赔付相关事宜。

公司完善了功能齐全的“职工服务中心”，开设了职工服务中心接待室、培训基地、职工书屋、劳动争议调解室、谈心室、文体活动区等场所，并开通了服务电话，建立网上办公平台，使员工在业余时间有了娱乐活动场所。公司员工食堂提升餐品质量，不断推出新品，改善晚餐质量，全方位提升员工就餐品质与体验，推出“小碗菜”、“月光餐”、“生日套餐”等。

公司开通马应龙大学在线学习平台，以网络为载体，结合碎片化自主学习及O2O混合式学习方式，具备在线学习、考试、直播、社区、远程会议等五大核心功能，涵盖基本能力、核心能力、项目运营、案例库、产品知识库、职场素养、各业务单元知识及通用知识等八大类目课程。

专题 员工关怀

2020年，公司持续开展关爱送温暖活动，全年慰问824人次，慰问金近30万元。公司党委、工会始终把如何关心关爱职工摆到工作的重中之重，坚持以人为本，全方位关爱员工：持续开展送温暖活动，为员工提供多元化福利保障；开展各类先进员工表彰活动，激励员工创先争优；“三八”妇女节，为全体女员工发放节日礼品；高温慰问送清凉活动，为员工营造良好的工作环境。

自疫情发生后，公司着重加大对员工思想动态的关注度，通过“党群活动热线”微信公众平台、员工微信群等线上方式，采取微信、制作视频、线上知识竞答等方式积极宣传疫情防范知识与心理疏导，引导员工树立正确的防控意识；线上运用“心灵驿站”，为员工提供心理辅导和线上咨询；线下通过和谐座谈会、交心谈心等方式关注员工心态，舒缓员工压力，维护员工思想稳定。

33 • 员工福利

员工关怀 • 34

附图 马应龙年度社会责任报告(10)

专题 “双创”劳动竞赛

2020年，根据公司年度经营工作重点，开展了以“增收降耗、提质升级”为主题的年度双创竞赛活动，在节能降耗、创收增量、优化资源等方面取得了较好的成效。竞赛活动中，广大员工勤于钻研、勇于创新、精益求精，尤其是在疫情期间坚守岗位、无私奉献，为公司经营目标的达成作出了积极的努力和贡献。

专题 表彰先进

2020年疫情期间，马应龙广大员工克服困难、不惧风险、勇担责任，公司对疫情防控和复工复产中为公司做出积极突出贡献的个人和团队进行了表彰，激励广大员工对标先进典型、恪尽职守、勇于担当，为公司的发展做出更大的贡献。

35 • 树立典范

专题 责任典范

2020年马应龙持续推行岗位责任体系建设、开展责任文化宣传，推出“马应龙责任典范”视频宣讲系列报道，用身边人身边事诠释“责任”内涵，激励员工从榜样身上汲取力量，做一名爱岗敬业、立足本职、勇于担当的马应龙人，用实际行动践行责任文化。

专题 文明团队

2020年疫情期间，公司及时成立疫情防控工作小组，开展疫情防控与行为规范督导检查工作，将常规检查与重点抽查相结合，加强防控知识宣传力度，强化员工疫情防控意识，并于年底组织了年度“文明团队”评选并予以表彰。

树立典范 • 36

专题 文体活动

为满足员工多层次、多样化的精神文化需求，公司成立了8大文体协会：乒乓球协会、足球协会、摄影书画协会、歌咏协会、羽毛球协会、篮球协会、读书协会、自行车协会。针对网络时代新媒体和载体的宣传特性，在集团内组建了“网络特约视频记者与拍摄团队”，对公司重点工作与文体活动等进行视频播报宣传，使活动的参与性、互动性、趣味性、影响力明显增强。

2020年，根据疫情现状和公司实际情况，将以前线下聚集性活动转化为线上网络性活动，持续开展了“抗疫从我做起，双休宅家秀美食”的网络厨艺大赛、短视频直播、抗疫征文大赛、马应龙一瞥摄影赛等线上活动，既起到有效互动的目的，也适应疫情防控的要求，营造健康向上的和谐氛围。

37 • 文体活动

和谐劳动用工关系

公司持续开展“和谐马应龙”建设，充分践行全心全意为员工服务的宗旨，维护每位员工的合法权益。

专题 保障员工合法权益

公司严格遵守《劳动合同法》，与员工签订的劳动合同覆盖率为100%，劳动合同的签约对象包括正式员工和试用期的员工；公司与实习生100%签署实习协议，以保障其权益。公司行政与工会每三年续签一次《集体合同》，每年续签《劳动安全卫生》《女职工权益保护》《年度工资协议书》等三项专项合同，依法维护了员工的合法权益。2020年，公司没有发生一起违约行为、劳动争议和群众性事件。

专题 完善民主管理机制，强化民主监督职能

公司坚持召开职工代表大会，并不断健全和完善职工代表大会制度。职代会上，公司工会积极动员和号召广大员工为实行公司年度经营目标而团结奋斗，并鼓励员工从公司发展的大局出发，提出有见地且切实可行的提案和建议。2020年5月，公司顺利召开了第十二届二次职工代表大会，员工代表认真听取、审议了公司总经理所作的《2019年经济工作报告》，本次会议号召广大员工准确把握疫情防控变化新趋势，迎难而上、砥砺前行，推动公司有序复工复产。此次职代会收集的提案和建议均得到了落实，维护了员工的民主权利。

和谐劳动用工关系 • 38

附图　马应龙年度社会责任报告(11)

实现自我价值的事业平台

马应龙始终倡导"合适的人做合适的事"的人力资源经营理念，建立了独具特色的人力资源经营系统，给予员工压力、动力和活力，让员工始终保持旺盛的工作热情并拥有良好的职业发展空间，为员工提供实现自我价值的事业平台。

专题 青年骨干培养

2020年，为提升所属公司经营管理后备人才及专业技能人才储备，结合三识、三力、三观的人才标准，公司选拔了一批高度认同公司核心理念和价值观、且具备一定发展潜质的青年骨干。

39 • 青年骨干培养

专题 新员工培训

新员工的加入，为马应龙带来了新鲜的血液，注入了新的活力。2020年，公司针对新入职员工集中开展了三期培训，加深了新员工对公司发展历史、企业愿景等的认识，提高了新员工的自豪感和对公司文化的认同感。

专题 内训师培训

内训师培养项目是公司为员工培训工作提供师资和课程资源的重大举措。2020年，公司组织实施两批内训师课程开发培训，输出经公司认证的微课37门、课程27门。

员工培训 • 40

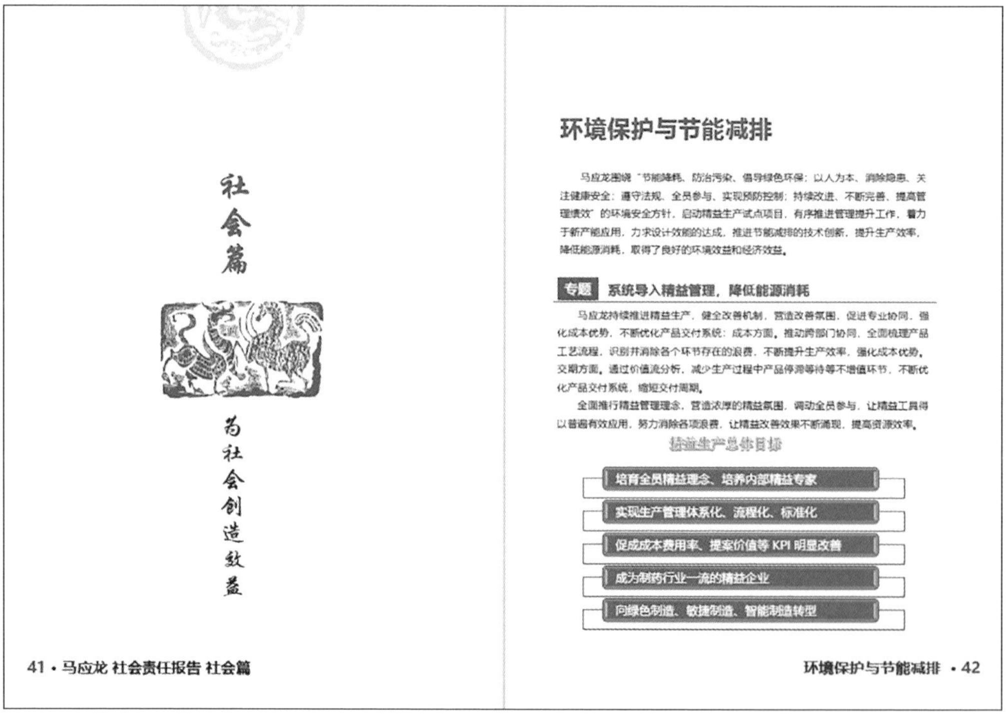

社会篇

为社会创造效益

41 • 马应龙 社会责任报告 社会篇

环境保护与节能减排

马应龙围绕"节能降耗、防治污染、倡导绿色环保；以人为本、消除隐患、关注健康安全；遵守法规、全员参与、实现预防控制；持续改进、不断完善、提高管理绩效"的环境安全方针，启动精益生产试点项目，有序推进管理提升工作，着力于新产能应用，力求设计效能的达成，推进节能减排的技术创新，提升生产效率，降低能源消耗，取得了良好的环境效益和经济效益。

专题 系统导入精益管理，降低能源消耗

马应龙持续推进精益生产，健全改善机制，营造改善氛围，促进专业协同，强化成本优势，不断优化产品交付系统：成本方面，推动跨部门协同，全面梳理产品工艺流程，识别并消除各个环节存在的浪费，不断提升生产效率，强化成本优势。交期方面，通过价值流分析，减少生产过程中产品停滞等待等不增值环节，不断优化产品交付系统，缩短交付周期。

全面推行精益管理理念，营造浓厚的精益氛围，调动全员参与，让精益工具得以普遍有效应用，努力消除各项浪费，让精益改善效果不断涌现，提高资源效率。

环境保护与节能减排 • 42

附图　马应龙年度社会责任报告(12)

专题 组建6S与TPM专业组

为适应新的发展形势，马应龙求新思变，不断深化精益变革，逐步实现精益6S的全覆盖，提升设备利用率的工作目标。在这种背景下，公司成立6S和TPM专业组，通过开展精益工作为员工搭建一个聚力奋进的平台，培养更多的精益管理人才。6S与TPM专业组将秉承精益思想，在工作中发挥专业技术优势，有计划、有组织、有成效地开展一系列精益管理实践活动，提高设备综合效率，打造赏心悦目的办公和住宿环境，提升企业形象，为公司的持续发展助力。

专题 打造6S办公样板

2020年，马应龙在职能部室推动精益办公，规范办公资源、优化职能部门办公流程，提升工作效率和服务品质，营造舒适、整洁的工作环境。于首批共6个职能部室开展办公区6S打造，共计节约办公空间46.5㎡，形成岗位维持基准43个，打造亮点159个，自主创新点51个。

43 • 精益生产

专题 入选首批“湖北省生态环境监管正面清单企业”

2020年4月，湖北省生态环境厅出台《湖北省生态环境监督执法正面清单管理办法》，对纳入正面清单的企业和项目，予以优先保障或采取减少、免除现场检查等正面激励措施。马应龙入选首批“湖北省生态环境监管正面清单企业”。

专题 积极推进节能减排的技术创新

2020年，公司积极推进节能减排的技术创新工作，持续推进清洁生产，强化生产设施设备和环保设施设备的维护，公司的污水排放、噪音、烟尘排放、粉尘均符合国家规定，各种预防设备工作正常，废弃固体垃圾按公司相关规定执行。员工在工作中自觉推行清洁维修，实现无污染、无安全隐患。废机油收集并集中销毁，确保不造成土地污染。污水处理站实行自动监测并与环保管理部门实现联网，污水处理站24小时工作正常，经过处理后的水完全符合排放标准。

表：2020年公司本部污染物排放统计表

污染物名称	全年指标	2020年实际排放
COD	24吨	4.54吨
氨氮	3.6吨	0.05788吨
氮氧化物	28.8吨	1.195吨
二氧化硫	3.6吨	0.109吨
噪音	≤58dB	≤58dB
COD排放浓度	≤100mg/L	35mg/L

注：全年指标数据根据国家排放指标制定。

节能减排 • 44

热心社会公益

马应龙始终坚持履行社会责任，疫情期间牢记使命践行社会担当，积极参与社会公益事业，弘扬人道主义精神，帮扶救助弱势群体，推动社会和谐发展。

专题 马应龙慈善基金

马应龙慈善基金自2007年成立以来，一直遵循“弘扬人道主义精神，帮扶救助弱势群体，履行企业公民责任，推动社会和谐发展”的宗旨，持续开展“药品捐赠、赈灾救急、捐资助学、困难帮扶”等活动，累计捐药捐款超过7000万元，为保护生命与健康作出了重要贡献。

2020年，公司通过湖北省内各地市红十字会向38个贫困地区捐赠了价值近千万余元的药品。马应龙的善举受到社会各界的认可和赞誉，2020年获中国红十字会总会授予的“全国红十字模范企业”称号，是湖北省唯一一家获奖企业。

专题 积极开展志愿者活动

马应龙志愿者服务队利用双休、节假日时间，全年开展了12次志愿服务活动，近600余人次参与，为公司重点产品、大药房门店活动、电商等做宣传推广，广受好评。针对疫情后的返岗复工，公司党委成立了以党员为主的“员工志愿者接送车队”，车队志愿者义务接送交通不便利的员工，共出车200余次，接送员工500余人次，总里程超过7000公里。

45 • 热心社会公益

专题 开展便民服务活动

疫情期间，为方便武汉市重症慢性病患者日常购药，马应龙重症慢性病医保定点药店提前对外开业，开展微医线上服务工作，满足重症慢病患者的用药需求。马应龙大药房全体员工坚守工作岗位，确保一线药店全部正常坚持营业，为有需求的市民提供购药服务，为市民提供免费领用口罩的服务。

开展便民服务活动 • 46

附图　马应龙年度社会责任报告(13)

抗击新冠肺炎疫情

面对2020年初爆发的新型冠状病毒肺炎疫情，作为一家有历史厚重感、有社会责任感的企业，公司在严格遵守疫情防控各项规定的前提下，充分发挥肛肠健康方案提供商生态链优势，发扬马应龙人坚忍不拔的精神，积极抗击新冠肺炎疫情。

专题 武汉市荣誉表彰

2020年9月，武汉市抗击新冠肺炎疫情表彰大会在武汉国际会议中心隆重举行，866名先进个人、329个先进集体和130名优秀共产党员、110个先进基层党组织受到表彰。马应龙荣获“武汉市抗击新冠肺炎疫情先进集体”和“武汉市先进基层党组织”荣誉称号。

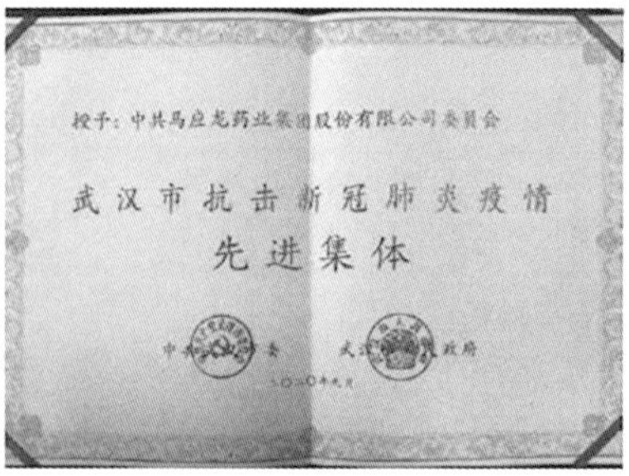

47 • 荣誉表彰

专题 工业平台安全复工复产

疫情期间，公司启用消杀产品生产线，并承担了“肺炎1号”中药汤剂生产，全力支持武汉市抗疫工作。此外，公司积极跟踪各级政府疫情防控决策动向，建立沟通机制，在政策框架下做好内部调整和优化，通过使用大数据工具实施员工健康管理，强化主体责任，确保各项防疫措施落实到位，促进复工复产。

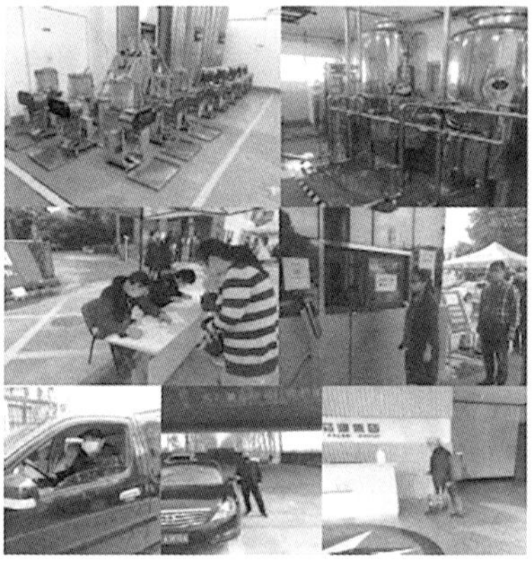

安全复工复产 • 48

专题 零售平台保障药品供应

疫情期间，马应龙大药房每天坚持营业，为有需求的市民提供购药服务。在口罩供不应求的非常时期，为了确保市民安全，为市民提供免费领用口罩的服务。同时为医院、小区、政府等机构提供团购及配送服务，确保防疫物资充足。

马应龙大药房青山区才智药店成为武汉新增的8家基本医疗保险门诊重症慢性病定点零售药店之一，于2月11日正式对参保人开展服务，为门诊重症慢病患者就近购药和保证用药安全提供保障。

49 • 保障药品供应

专题 医疗服务平台坚守诊疗服务

疫情期间，马应龙连锁肛肠医院各个科室的医务人员及服务保障人员坚守工作岗位，守护患者健康。在为病患提供医疗服务的同时，各医院也积极开展疫情防控工作，确保医护、病患健康。同时，针对疫情期间大量肛肠疾病患者面临如何用药及术后康复，发病时无法外出就医等问题，公司集结旗下6家品牌连锁医院及43家肛肠诊疗中心肛肠科专家，开通“线上问诊服务”，帮助患者在疫情期间安全便捷的就医用药。

武汉马应龙医院响应政府号召，成为武汉市新型冠状病毒肺炎疫情防控期间的患者收治隔离点，为疫情防控提供5000平米院区，同时备用82张床位及物资支援一线抗疫。

坚守诊疗服务 • 50

附图　马应龙年度社会责任报告(14)

专题 物流平台调配医疗物资

在疫情发生的第一时间，武汉马应龙医药物流有限公司员工主动放弃休息，在全国范围寻找各类紧急物资货源，确保第一时间将物资调往武汉，送到市民手里。在武汉禁行、交通不便的情况下，公司在汉员工体现风险精神，克服各种困难，一人身兼数职，以极高的效率达成药品的全市配送。

51 • 调配医疗物资

专题 捐赠防疫物资

马应龙时刻关注武汉抗疫进展，积极响应政府防疫号召，充分发挥旗下产品优势，积极响应抗疫一线人员诉求，及时组织捐赠相应物资。在了解到齐鲁援鄂医疗队亟需痔疮防治药品的需求后，公司迅速向医疗队捐赠了相关药品。截至2020年底，马应龙共向援鄂医疗队、各级医院捐赠抗疫物资及款项累计近200万元，以此向所有医护人员献上最真挚的感谢。

捐赠防疫物资 • 52

展望2021

2021年，马应龙将继续坚持“为客户创造健康，为股东创造价值，为员工创造机会，为社会创造效益”的经营宗旨，进一步完善客户价值驱动机制，构建价值创造系统，进一步优化工作事项和工作流程，提升企业发现价值、制造价值和整合价值能力，深化战略转型升级。同时积极履行企业社会责任，加强与各利益相关方的沟通与交流，促进企业与社会和谐发展。

客户 以全病程的客户需求为导向，关注客户个性体验，延伸产品和服务范畴，实施精准营销，更致力于为客户提供专业化、个性化、多样化的肛肠健康管理方案，成为肛肠健康方案提供商。

股东 持续完善公司治理结构、加强内控体系建设，完善风险管理制度；严格履行信息披露义务，与投资者建立良好互动关系；不断提升企业盈利能力，为股东创造财富，实现资本持续增值。

员工 坚持“以人为本”的管理理念，保障员工基本权益；关爱员工，努力创造良好的企业文化氛围，让员工在企业有归属感、幸福感；倡导“合适的人做合适的事”的人力资源经营理念，为员工提供实现自我价值的事业平台。

社会 积极承担社会责任，高度重视安全工作，加强安全体系建设，保障公司安全；加强环境保护，实施节能减排，实现企业与环境的均衡发展；热心社会公益事业，帮扶救助弱势群体，弘扬人道主义精神，推动社会和谐发展。

53 • 展望2021

附：2020年大事记

◆ **2020年1月**

“我为马应龙送祝福”短视频大赛正式启动。

2019年度产业链论坛顺利召开。

◆ **2020年2月**

马应龙开通线上问诊服务。疫情期间，针对患者无法外出就医的问题，马应龙集结旗下连锁医院和肛肠诊疗中心肛肠科专家，为广大肛肠疾病患者答疑解惑。

马应龙电商提前复工，保障疫情期间武汉市民购药需求。

马应龙大药房青山区才智药店正式对参保人开展服务，为门诊重症慢病患者就近购药和保证用药安全提供保障。

◆ **2020年3月**

随着疫情逐步得到控制，“封城”两个多月的武汉重启，马应龙正式复工。

肛肠疾病规范诊治专家线上论坛（第一期）成功召开。

◆ **2020年4月**

央视名嘴助力湖北带货，马应龙八宝眼霜入选。

武汉市生态环境局和洪山区人民政府共同为马应龙授予首批湖北省生态环境监管正面清单企业”荣誉牌匾。

肛肠疾病规范诊治专家线上论坛（第二期）成功召开。

马应龙大药房获武汉市通报表彰为疫情防控市场保供突出贡献企业。

文化和旅游部发布《非物质文化遗产为抗击疫情增添文化力量》简报，对马应龙等非遗单位进行点名表彰。

2020年湖北省医学会结直肠肛门外科分会学术论坛（第一期）成功召开。

马应龙第一期眼科线上会议成功召开。

◆ **2020年5月**

天猫发布510新国货大赏——2020年度国货之光中国品牌榜，马应龙被评为年度最会玩品牌。

2020年大事记 • 54

附图　马应龙年度社会责任报告(15)

◆ **2020年5月**

武汉市委、市政府主办的“百星百亿助力武汉”直播公益活动启动，洪山区区长林文书为马应龙专场带货。

马应龙联名中国黄金推出跨界新品。

2020年中国品牌建设促进会联合中国资产评估协会发布“2020年中国品牌价值评价信息”，马应龙再等捷榜。

全景网联合南开大学中国公司治理研究院投资者关系管理研究中心推出“全景投资者关系金奖”，马应龙获最佳新媒体运营奖。

◆ **2020年6月**

“无痛抗癌，拴住未来”癌痛规范化管理线上专家论坛（第一期）成功召开。

马应龙第45家肛肠中心落户玉溪，与玉溪市华宁瑞仁医院签订协议共建马应龙肛肠诊疗中心。

◆ **2020年7月**

马应龙第46家肛肠中心落户怀化，与怀化市中医医院签订协议共建马应龙肛肠诊疗中心。

武汉市工业智能化改造提升推广会在马应龙召开。

第25届中国美容博览会在上海盛大开幕，马应龙大健康受邀参展。

由湖北日报传媒集团主办的2020年湖北最佳上市公司评选成功举办，马应龙获评湖北最佳上市公司、湖北最佳上市公司董秘、湖北最具社会责任上市公司三项荣誉。

◆ **2020年8月**

第十七届“世界品牌大会”在北京举行，马应龙以413.52亿元的品牌价值连续十七年成功入选“中国500最具价值品牌”。

首届“马应龙杯”癌痛诊疗中青年医师病例演讲比赛圆满落幕。

2020西普会在海南博鳌隆重召开，马应龙品牌及产品受到主办方及消费者的认可，入选最具临床价值榜、健康中国·品牌榜、2020中国药品品牌榜·价值排行榜、2019-2020年度中国药品零售企业综合竞争力排行榜。

55 • 2020年大事记

◆ **2020年8月**

工信部发布《2020年新型信息消费示范项目遴选结果公示》，马应龙“互联网+医+药”线上线下智能融合服务项目顺利入围。

◆ **2020年9月**

马应龙龙珠软膏入选中国第三届OTC品牌宣传月品牌产品。

由商务部、中央广播电视总台、北京市政府联合主办的“2020年全国消费促进月暨北京时尚消费月”在北京正式启动，马应龙亮相老字号嘉年华展区。

阿里健康大药房举办四周年庆典，马应龙获最佳口碑奖。

武汉市抗击新冠肺炎疫情表彰大会在武汉国际会议中心隆重举行，马应龙荣获“武汉市抗击新冠肺炎疫情先进集体”和“武汉市先进基层党组织”荣誉称号。

由新华健康和马应龙携手举办的“马应龙大健康秋冬护肤分享会”在北京隆重举行。

癌痛规范化治疗专家论坛暨基层医师线上交流会顺利召开。

马应龙第47家肛肠中心落户安阳，与安阳市汤阴县医院签订协议共建马应龙肛肠诊疗中心。

◆ **2020年11月**

马应龙第48家肛肠中心落户衡水，与衡水市武强县医院签订协议共建马应龙肛肠诊疗中心。

马应龙第49家肛肠中心落户辽阳，与辽阳市辽阳县医院签订协议共建马应龙肛肠诊疗中心。

第二届世界大健康博览会圆满闭幕，马应龙大健康获批“网红展位”。

◆ **2020年12月**

2020-2021年马应龙大健康新品发布会在腾讯看点直播平台圆满召开。

全国工业APP和信息消费大赛总决赛在湖南株洲举行，小马医疗VR项目荣获全国信息消费创新奖。

马应龙第50家肛肠中心落户菏泽，与菏泽市单县人民医院签订协议共建马应龙肛肠诊疗中心。

2020年大事记 • 56

意见反馈表

尊敬的读者：

您好！

感谢您于百忙之中阅读我们的报告。期待您分享关于报告的任何意见与想法，帮助我们持续改进报告编制方式及社会责任工作表现。

1、以下哪个利益相关方最切合您的身份？（请在相应的位置选择打“√”）

□政府 □投资者 □员工 □客户 □供应商 □学术/科研机构
□同行 □社会与公众 □福利团体/非政府组织 □媒体
□其他（请注明）______

2、您对本报告的总体评价（请在相应的位置选择打“√”）

□很好 □较好 □一般 □较差 □很差

3、您对本报告可读性评价（请在相应的位置选择打“√”）

□很好 □较好 □一般 □较差 □很差

4、您对本报告结构安排的评价（请在相应的位置选择打“√”）

□很好 □较好 □一般 □较差 □很差

57 • 意见反馈表

5、您对本报告排版设计的评价（请在相应的位置选择打“√”）

□很好 □较好 □一般 □较差 □很差

6、您对我们的社会责任报告或履责表现，还有哪些意见或建议？

______

______

姓　　名：______
工作单位：______
联系电话：______
电子邮箱：______
通讯地址：______

邮寄地址：中国湖北省武汉市武昌南湖周家湾100号
电话：+86-27-87291519、87389583
邮编：430064
公司官网：http://www.mayinglong.cn
电子信箱：stock@mayinglong.cn

马应龙 社会责任报告 • 58

附图　马应龙年度社会责任报告(16)

参考文献

[1]王成荣著：《企业文化管理》，中国人民大学出版社2014年版。

[2]刘彧彧著：《企业文化塑造》，中国人民大学出版社2012年版。

[3]梁晨著：《企业文化》，北京交通大学出版社2018年版。

[4]严若森著：《公司治理与制度优化》，科学出版社2009年版。

[5]杨菁菁著：《公司治理与公司决策》，中国社会科学出版社2017年版。

[6]何丹著：《上市公司投资者关系管理：评价、路径与效应》，西南财经大学出版社2020年版。

[7]马连福著：《公司治理优化研究：基于自主性治理与投资者关系管理的视角》，科学出版社2016年版。

[8]中国质量协会、卓越国际质量科学研究院编：《卓越绩效评价准则与实务》，中国质检出版社、中国标准出版社2012年版。

[9]保罗·尼文著，胡玉明等译：《平衡计分卡》，中国财政经济出版社2003年版。

[10]刘超著：《企业组织资本管理：基于价值创造的视角》，经济管理出版社2012年版。

[11]乔治·达伊著，牛海鹏等译：《市场驱动战略：价值创造过程》，华夏出版社2000年版。

[12]胡兵著：《企业社会责任、营销战略与企业价值创造》，暨南大学出版社2020年版。

[13]菲利普·科特勒、凯文·莱恩·凯勒著，卢泰宏、高辉译：《营销管理》，中国人民大学出版社2009年版。

[14]张振刚、陈志明编著：《创新管理：企业创新路线图》，机械工业出

版社 2013 年版。
[15]韦影、盛亚主编：《创新管理：计划、组织、领导与控制》，浙江大学出版社 2016 年版。
[16]胡晓东著：《绩效管理学》，上海交通大学出版社 2015 年版。
[17]方振邦、孙一平编著：《绩效管理》，科学出版社 2010 年版。
[18]孙宗虎、西楠编著：《绩效管理工作手册》，人民邮电出版社 2015 年版。
[19]陈政立著：《三力系统》，中国文联出版社 2017 年版。

后　记

马应龙创始于明朝万历年间，公元 1582 年，至今已持续经营 439 年，作为这家中华老字号企业的经营者，一方面要探索发现马应龙 400 多年持续经营的奥秘，从中挖掘、提炼人文理念予以传承；另一方面要与时俱进、开拓创新，丰富人文内涵，特别是促进其理念行为化、模式工具化，用以指导实践。正是基于这个逻辑的探索实践，才形成了马应龙三维三力价值创造系统。

尽管三维三力价值创造系统于 2016 年 1 月获得第二十二届国家级企业管理现代化创新成果一等奖，但其仍在实践完善之中，并不断强化价值创造逻辑与方法在组织系统建设中的运用，着力提升发现价值、制造价值和整合创造价值能力，通过产品力、营销力和品牌力建设来应对因技术进步和市场结构变化对人货场的再定义和重组。本成果的出版，旨在让马应龙各级员工、合作伙伴、广大消费者和投资者更加深入了解拥有 400 多年历史的马应龙的经营理念与运行机制，也借此与社会各界共同研究探求在新时期如何实现企业可持续发展，衷心希望大家提出宝贵建议和意见。

最后，感谢 1995 年以来马应龙的经营团队包括高管团队和相关职能部门负责人，他们为三维三力价值创造系统的形成和实践作出了重要贡献；马倩、郭艳萍、王海波等人参与了《投资者经营系统》资料的收集与整理、文本编撰以及文字校对等工作，在此一并表示感谢。

龙马精神

以真修心、以勤修为
稳健经营、协调发展
资源增殖

为顾客创造健康
为股东创造财富
为员工创造机会
为社会创造效益